职场忙身家，理财飙身价

职场财女进化论

林洁琛◎著

ZHEJIANG UNIVERSITY PRESS
浙江大学出版社

人不一定会生病，但一定会老去

另类投资，尝鲜的"代价"

女人，千万别忘了投资自己

做个有价值的女子

　　两年前，看到报纸上登过一则新闻，说是美国有一项研究发现，在限定的时间内，女性的投资回报率较男性高出3.5% ~ 4%，原因在于男性过分频繁地进行买卖（trade too much），往往得不偿失。而女性"风险规避"的倾向更高，不轻易出手。因此，男性更倾向于做短期投资，而女性则倾向于做长期投资。

　　我不知道这个研究的具体出处，但探讨男性和女性在理财上的差别，确实是个有趣的话题。

　　"男人善于挣钱，女人精于持家。"这是长久以来中国社会广泛认同的观点。通常，男性在投资过程中敢于承担更多的风险，这也使得他们更有可能获得超额回报；而绝大多数女性则更擅长精打细算，严格地控制现金流。在很多中国家庭里，女管家常常掌握着财政大权，缜密地记录着账目上每一笔收入与支出。

然而在今天这样一个市场经济社会中，许多职业女性已经拥有了不亚于男性的工作职位和经济收入。她们积极自信，认真勤奋，能够高效地完成工作，同时保持经济的独立。

对她们而言，理财已不再局限于细水长流式的储蓄和省吃俭用的积累，股票、基金、银行理财等投资工具同样可以在她们手中成为保障和增加财富的强大助力。越来越多拥有固定收入的职场女性开始尝试购置属于自己的房子，并考虑为数十年后的岁月缴纳保险。在努力于本职工作之外，这些职场女性正用各种与财务工具相关的方式，不断提升着自己的价值和地位，也即人们通常所说的"身价"。

本书设计了四个典型的职场女性形象，有独立创业的商界女强人，有事业与爱情双丰收的外企女白领，有大胆投资房产和黄金的媒体女记者，也有在理财方面尚不成熟的富家千金。在她们身上，你或许可以看到身边很多人的影子；而从她们有趣的故事里，则切切实实地折射出现实中存在的理财问题；故事之后的分析与建议，更能为读者提供切实有效的帮助。

作为一个长期从事财经报道的资深编辑，本书作者凭借自身丰富的经验和专业的视角，通过生动新颖的写作方式，向职场女性传达了自己的财富观——把理财作为生活中必不可少的一部分，从而保障独立自主又富有品质的生活，提升自己的价值。

一个人获取财富、管理财富、使用财富的能力，虽然不足以衡量人生价值的全部，但其重要性无疑正与日俱增。作者在本书中对投资理财的诠释，其实已经超出了纯粹追求财富的范畴，不仅仅局限于物质与金钱，还包括了许多无形的、容易被我们所忽略的东西——人脉、健康、友情，乃至爱情，最终体现为自我价值的飞跃。

毫无疑问，这些都是现代职业女性不得不关注的"财富"。只有将理财作为基本生活方式的一部分，合理配置所有有形的和无形的资产，充分地经营自己的人生，才能真正获得一个女人所需要的自由与幸福。

有一位年轻人曾经在股东大会上问巴菲特，要想成为一个好的投资者，最好的方法是什么？巴菲特说，是阅读，他19岁时读了一本书，好像见到了光明，由此形成了基本的投资思维方式。那本书的名字叫《聪明的投资者》，格雷厄姆所著。

希望有缘读到本书的朋友，都能成为聪明的投资者。

秦朔

第一财经传媒有限公司总经理

《第一财经日报》总编辑

薇薇

薇薇生来是个不安分的姑娘，最不能忍受的就是波澜不惊的生活。

就像在2004年，她顺利地拿到法学硕士学位，结束了留学澳大利亚的生活，回国定居上海，进入一家机关刊物做法律顾问，享受公务员待遇。可是工作没多久，她就厌烦起来，觉得"稳重"的工作太沉闷无趣。

不出两年，薇薇就辞职下海，尝试自己经营茶馆。谁也没料到，薇薇竟然是个天生的商业胚子。从"淡水清茶"到"人口普茶"，再到"薇茶馆"，小店的生意风生水起，薇薇也从职场小白领成功转型为商业女强人，完成了人生的蜕变，从此正式奠定了她在"四人组"中的领袖地位。

而为了不失去平衡，她左手经营茶馆，右手又投资房产，租金收益每月落袋为安，薇老板安安心心地做上了"小包租婆"。

"自己不懂的坚决不去碰，只有自己喜欢才会最熟悉，投资起来才能做到心中有数。"这是薇薇的名言。而我们的故事，就从她下定决心步入商界的那一天开始说起。

卡眉

卡眉做事从来都有条不紊，无论是投资，还是爱情。

2005年硕士毕业后，卡眉就进入了一家大型外资企业的中国区总部。多年的外企职场生涯，使她积累了"财力"，也让她的财商有了一个飞跃式的提升，从而总能保持良好的节奏进行着一两项投资。

"不做任何投资，把钱统统存在银行，才是最大的风险。"卡眉不能忍受把钱"寄养"在银行赚取负利率，这对她来说是莫大的"侮辱"。在她看来，投资是一件非做不可的事。

初恋股市，卡眉靠着一只股票起家，赚到了第一桶金，它给卡眉带来了翻倍的收益；偶然的一次偷懒，买基金误打误撞赚了钱，却让卡眉觉得不够踏实，那笔收益并没能给她带来投资的满足感，被动投资终被卡眉抛弃；而卡眉最成功的投资，就是早早收获了爱情，轻松地为自己的人生配置着爱情、工作和家庭。

卡眉坚信，优质的男人是女人一生最好的投资，而聪明的女人也是成功男人最重要的资产。

阿杜

　　阿杜喜欢实实在在能够看得见、摸得着的东西，比如黄金、房产。

　　身为财经媒体名记，阿杜秉持着"工作就是做一份自己喜欢做的事，还可以领钱"的职业理念。在度过了艰难的入行初期之后，大胆闯荡成就了阿杜在财经领域的专业性，入行七八年时间过去了，阿杜始终没有偏离最初的职业生涯规划。她还是会庆幸自己选了一份喜欢的工作，才没有中途放弃，更没有过动摇的念头。

　　就在闺蜜们都还过着"没房没车没男人"的"三无人生"之时，阿杜早早就将房产纳入自己的"资产池"，一步踏进有房一族的行列。欲望都市，居大不易，靠着第一套小房，阿杜挖到了人生第一桶金，房产投资也渐上轨道，不但将房子从外环换到了内环，小房换成了大房，还在坐拥房产的同时，一路享受着房价上涨的快感。

　　"希望自己的房子升值、希望别人的房子降价，趁机再换大的，到底涨好还是跌好呢？"最近，阿杜总是陷入这样的"纠结"。

慧妮

慧妮是个勤劳勇猛的"投资家"，成天泡在股市里进进出出忙个不停。

有着家族产业的她，是混入熟女圈子里的"小朋友"。名牌大学刚毕业不久，就职于一家世界500强企业，在一次公司年终答谢会上，认识了卡眉。原本过着安逸生活的她，却对投资理财格外好奇，便每每和几个算不上富裕但略有理财经验的学姐混在一起，虚心取经，勇敢尝试，从零开始培植自己的理财细胞。对她来说，什么都是新鲜的，一切投资皆有可能。

"我已经自立门户了！"为了证明自己不是坐享其成的"富二代"，这句话都快成慧妮的口头禅了。然而，现实却是残酷的，一毕业就当上了"月光女神"，一次短暂休假就让她遭遇了财务危机。而慧妮对于股票的那种"日日换新衣"式的操作手法最终也只使得她折戟沉沙，亏损连连。

幸福最终还是靠交易来的。借助自己的直觉和天生的恋物癖，慧妮总算将网店开出了话语权和定价权，这才终于炼成了"小富婆"，成功出师。

01

千万别成"穷忙族"

○ 管好你的时间 ○

吃一顿阳光午餐

早春的一个午后，阿杜、卡眉和慧妮正在黄浦江边享受一顿阳光午餐——小型披萨、重乳酪蛋糕、花式咖啡。不远的黄浦江对岸，日光照耀下的外滩金融街更显历史厚重感，不时有货船轰隆隆地划过静静的江水，好生惬意的午后时光。

这时候，薇薇风风火火地闯进门来，刚一坐下就指挥慧妮帮她买咖啡："亲爱的慧妮，帮我点个热摩卡，半糖，不加奶油。"薇薇的气流打破了这里的和谐，一下子将气氛搞得凌乱。

自从薇薇进入机关刊物担任法律顾问以来，虽然享受着公务员待遇，收入稳定薪酬不薄，可是沉闷的工作环境总是让薇薇感觉像是工作在上一个年代，"朝气蓬勃"的性格与"稳重"的同事圈子显得格格不入。工作至今，算算也有近两年了，可她仍然难以适应，每天数着时间等下班。不过，最近她可是在酝酿一个"大动作"——下海开茶馆，亲自做老板！

这自然也是"欲望都市四人组"近期头等的"大事件"。当时，谁能想到，商场的汪洋大海，竟也能被薇薇这个小女子自由驰骋。几年下来，"薇茶馆"逐渐在上海滩小有名气，薇薇也变成了名副其实的薇老板。

"薇老板，茶店赚了钱，我可不可以入股啊？"卡眉最有兴趣也最有"财力"，工作两年一跳，三年一跳，用她的话，在外企跳一次薪水涨一次，但时间久了，重复且缺乏新意的工作内容逐渐令卡眉失去了兴趣。一番职场摸索之后，卡眉终于找到了可以提升她管理才能的地方，这一站，她落脚在一家创投公司，不再做一个外企格子间里的"小人物"。身价稳步攀升的她也是一个财女，颇有理财天赋，自然不会错过这样的投资好机会。

"薇薇姐，半糖无奶热咖啡到！"慧妮还是四人组里的"小朋友"，自然格外勤快。

"等你的茶馆赚钱了，我就在旁边开个咖啡屋，中西客人一网打尽。"在几个闺蜜当中，阿杜的工作最是奔波，收入虽对得起每日辛劳，但仍属有限，总是月光。

"我坐个20分钟就要走了。"家—单位—茶市—茶店，薇薇"四点一线"了好几个月，事事亲为，虽然乐此不疲，但做老板还真没那么容易。

越忙越穷，越穷越忙，越来越没有竞争力

一杯咖啡的时间，还没来得及被这早春的阳光晒暖，薇薇又要闪人了。目送她又风风火火奔去的身影，几个闺蜜眯起眼睛，赶紧珍惜眼前的惬意时光。

"我什么时候才能不用那么忙呢？"阿杜也有点倦意地说。找选题、约采访、跑现场、写稿件，新闻工作的自由散漫慢慢失

去了吸引力。不用打卡上下班，就意味着随时都在上班；不用在办公室坐班，就意味着工作地点可能是新闻会场、酒店大堂，也可能是咖啡屋、街边面馆。

"我得找个地方坐下来写稿。"这是阿杜每次接到编辑部指令后的标准回答。

"我也快成穷忙族了……"慧妮接着抱怨。

"小富婆，你可不是穷忙族。"卡眉插了一句。

"我已经自立门户了！"慧妮急着证明自己不是坐享荣华的"小富婆"，收支都是和爸妈独立核算的，与家族产业没什么紧密联系。

不过，慧妮真的算不上穷忙族。"working poor"，比月光族更穷，比劳模更忙，才是穷忙族的标准特征。

"不管再怎么工作，生活还是不见优渥。"日本作家门仓贵史在他的《穷忙族——新贫阶级时代的来临》里语重心长地说。在《新周刊》2008年7月15日的封面策划《穷忙族》中有这样的阐述："穷是技术性的（技术分工），忙是社会性的（上行社会），穷忙是世界性的。"穷忙族在世界各国蔓延，美国有500万人过着"辛勤工作却朝不保夕"的生活；在德国，穷忙族人数超过100万；在日本，穷忙族人数超过1500万；在中国，《中国青年报》调查中心的一项调查结果同样令人吃惊——75%的人自认为是"穷忙族"。

"我总是努力工作，我总是得到很少。"穷忙族越忙越穷，越穷越忙。

每天朝九晚九，三餐都在公司盒饭解决，穷忙族沦丧了生活，却没换来等值的回报，物价在上涨，薪水在贬值，房价坐上了飞机，升职看不到机会，想跳槽门槛却很高，想创业又不是人人有这个本事，手上这份工作的性价比越来越低。

这还不算，穷忙族还有可能变得更加不幸。世界卫生组织称，忙会带来心理疲劳、失眠多梦、记忆力减退、注意力涣散、工作效率下降，身体上甚至出现偏头痛、高血压、消化性溃疡、月经失调、性欲减退等病症。

其实，在"穷忙族"的百科词条下面，还有一条"结构性危机"的衍生注释，用来解释中国人穷忙的真正原因：社会结构原本是一个"流水不腐"的动态机构框架，穷人成为富人或者富人变得一贫如洗，大众变成精英或者精英沦落为草根，都是很正常的事情。但现实却是户籍、收入分配、教育等诸多领域由于体制性的落后甚至是不公正，逐渐致使社会精英"寡头化"和底层群体"固化"，阶层与阶层之间的流动困难。社会各行业精英所组成的强大方队，掌握着各层面的话语权，普罗大众要想向上流动，除了"穷忙"之外，似乎没有更好的办法，为了获得更优质的生活质量、实现更美好的生存未来，不得不加入穷忙族的队列，通过更多的努力付出去寻找"人生的机会"。

从某种角度来说，我们每个人或许都是穷忙族的一员，至少在某一阶段做过穷忙族。一旦陷入越忙越穷、越穷越忙的怪圈，就会形成恶性循环：拼命工作、自愿加班，没时间规划、没时间思考、没时间打理生活、没时间投资自己，被工作追着跑，跑着跑着跑丢了竞争力，你再也不是不可替代的。于是，对失业的焦虑、对生存压力的焦虑，又变成了拼命工作的动力。恶性循环的怪圈里，你的身价没涨，人生没有增值，穷忙成为了上行社会的瓶颈。

根据我国台湾一项调查显示，男性时薪所得前10%的"富人组"，25年来每周工时减少了8小时，时薪不断增加；男性时薪所得最后10%的"穷人组"，25年来每周工时不减反增，时薪换算

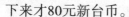

下来才80元新台币。

《中国青年报》社会调查中心联合腾讯新闻中心展开的一项调查表明，穷忙族产生的首要原因是社会压力过大，竞争激烈（60.9%）。其后原因依次是穷忙族缺少合理的人生和职业规划（48.9%）；起点太低、机会太少（39.5%）；太急于求成，反而容易受挫（26%）；盲从、随大流（24.5%）；耐心不够（18.8%）。

而要摆脱穷忙，人们的选择是需要积极充电，增强竞争力（55.7%）；调整好心态，适时进行工作减压（50.4%）；有合理的人生规划和目标（46.5%）；主动去适应社会（39%）；社会不应该过于强调竞争（12.6%）。

别再穷忙了。"忙碌，只是偷懒的一种形式，那是因为你懒得思考和分辨自己的行动。"美国人费里斯说。

管理好时间，穷忙族的自我救赎

生活需要自我救赎。穷忙族更需要自我救赎。

让我们来看一组调查数据：近一半（43.56%）的人即使是明后天的约会也不能确定——自己的时间已经完全抵押给了公司；近一半（44.06%）的人总是在看表——自己对时间完全失去掌控；还有近一半（47.64%）的人把手表调快几分钟，催促自己更有效率地做事。可同时，这也让时间变得更为紧张。

为什么时间不再属于自己？为什么总觉得紧张的生活更踏实？《新周刊》中有篇文章写道，我们总是担心被人遗忘、被公司遗忘、被世界遗忘，这就是穷忙族的悲哀。这是心理层面的困扰。但这不应成为穷忙的理由。穷忙族真的需要认真思考几个问题：工作价值、人生规划、生活方式……再不能越忙越茫、越茫越盲，是时候摆脱穷忙了。

摆脱穷忙，最容易想到的方法是积极充电，努力升迁。然而，这显然会让忙碌的生活雪上加霜，时间更加不够用，总感觉做也做不完的事在后面追着跑。

穷忙族要翻身，最有效的方法是管理好自己的时间，日理万机可能让你失去赚钱的时间。

时间管理的第一步就是要找回时间。大家都知道记账是理财的第一步，用意是要了解钱花到哪儿去了，这个做法同样可以用在时间管理上，目的是要对自己花的时间了如指掌，找回白白溜走的时间、没有很好利用的时间、重复用工花费的时间。先回想一下过去的一天你都做了哪些事、花了多少时间，有哪些本应该完成却没有做完的事，了解没做完事的原因；再来规划一下明天要做哪些事，将事情的轻重缓急排序出来，尽量利用完整的时间区块做完一件事情，对于可以在一个链条上完成的事，尽量安排好衔接，避免浪费时间、重复用工。

千万不要坐在电脑前，开着电视机，一边写企划案，一边回邮件，一边又突然想到电话联络事情，一边MSN不停闪烁。乍一看以为很有效率，其实每件事在进行时都受到了干扰，又随时会被中断，效果未见得好。而当千头万绪的事情齐头并进，没有焦点时，就很难产生阶段性的成果，每件事都没有一个收尾和结束，这时就会令人产生焦虑感，做起事来会更加没有头绪。

如此检视一番过后，你可能发现有很多零星的时间可以用来处些生活的杂事，比如午饭后散步回公司的路上，可以买好新鲜的水果，就不用下班后专门到水果店逛一圈了；比如上班工作累了，可以在网上缴水电煤气费和还信用卡，省去下班后占用休息娱乐的时间；再比如约了朋友吃饭又要赶着去超市采购，那可以约在超市附近的餐厅吃饭，吃好饭刚好一边散步一边逛超市采购；又比如，打车的路上，可以打打不太重要的电话，问候也好，闲聊也好，免得要用整块的时间联络感情。

将时间如此整理过后，时间会变得更有秩序。分清专心做事的时间和闲暇的时间，大段闲暇的时间里，可不要想着看看八卦、聊聊MSN、打打游戏来犒赏自己的辛劳。你的人生目标可是要摆脱穷忙，能不能摆脱穷忙关键就看闲暇时间的运用了，如果大段的闲暇时间是可以固定下来的，那就用来进修提升自己，念英文、听讲座、参加理财沙龙。总之，找回的时间要更有价值地运用，还要去开拓增值之路。

日理万机可能失去赚钱的时间，管理好时间才能摆脱穷忙、升级为有钱人。

○ 你该做好职业规划 ○

《欲望都市》中，专栏作家卡里（Carry）拥有满屋的名牌鞋子，却没有足够的钱去支付买房的首期。"爱情会逝去，鞋子永远在"是Carry的人生格言，这与"男人会走，房子不会"虽有相似的韵味，却无法像房子那样显示出女人殷实的生活。事实上，Carry有着不错的工作，收入稳定且不薄、自由潇洒并受人尊敬，即便如此，已近中年的她，却没能手握寸金，银行账户依然空空荡荡，没有存款不过也没有负债，看似轻松却无法规划大额投资。这样看来，是不是仅有一份好工作还远远不够？"入世"之初，短期目标制定以及长期的职业规划是必须要做的功课。

40岁时你打算做什么

阿杜在2010年春节的同学聚会上遇到了高中时最要好的朋友赛赛，五年未见，她已是一个名副其实的辣妈，这让阿杜羡慕不已。

然而，聚会结束，赛赛拉着阿杜有点彷徨地说："40岁的时候你打算做什么？"

　　阿杜一怔，她可没想这么远："不用工作吧。"现在做的一切不就是为了早点退休吗？不过，40岁能不能实现可是未知数。赛赛有点沮丧，30岁了，她准备重返职场，着实面临不小的尴尬：从结婚生育到带宝宝，工作断断续续，五年时间的空档期，没有为职业生涯作出积累，而在重返职场的路上又遇到了与刚毕业学生相比缺乏活力与创新、与同龄人相比缺乏经验以及人脉积累的尴尬。而其他同学，三十而立，职业前景逐渐清晰，职业的上升期也展现眉目，职业规划终于到了可以展开实施的阶段。赛赛该怎样规划接下来的职业生涯？

　　工作对我们到底意味着什么？你对于工作最在意的又是什么？是能从中不断学习？是金钱报酬？是名誉地位？是人际交往圈子？是避免与社会脱节？是伴随工作而来的成就感？你应该首先能明确回答这一系列问题。

　　虽说条条大路通罗马，但其中一定有最近的一条，职业规划就是帮你找到这最近的一条路。就像对于22岁刚毕业的慧妮来说，想清楚这些问题的答案，才能找到"入世"的落脚点。为了避免日后出现像赛赛这样的尴尬，现在就应该做好职业生涯规划。职业规划永远不会嫌早。

　　做好职业规划就好像制订投资计划，如果你的风险承受能力有限，那就把钱放到银行做定存，每年赚取百分之几的微利，这样虽然赚不到大钱，但也不至于赔钱，这就好像公务员手里的铁饭碗。但如果你不希望自己一辈子平平淡淡，想要勇敢冒险追求点梦想，把钱投入股票、期货市场，那么你有机会身价倍增，却也可能输得一文不名。"风险与报酬成正比"——投资学的金科玉律，同样适用职业生涯规划。面对未来巨大的不可知，职业规划必须在风险与报酬之间拿捏。

不同的人生阶段，有不同的收益目标与风险承担，理想的人生应该是能阶段性地如期完成目标，有效降低风险。

40岁时你打算做什么？25岁的时候，你要能回答这个问题，而且是你规划后的答案。

记录在案的职业生涯规划

漫长的职业生涯，想要对自己想做的、要做的、还没做的、即将做的、以后做的有一个全盘控制，你需要制订一份专属你自己的职业生涯计划表。

人生目标——今生今世，你想要做什么？想成为怎样的人？想取得什么成就？想成为哪个领域的佼佼者？就算是梦想，也会有一个大致清晰的轮廓吧，如果没有，请你大胆设想一下。

古谚有云："十年树木，百年树人。"或许你会觉得计划一生实在不容易实施，那么你起码得有十年的规划。不要觉得十年漫长，25岁硕士毕业，到35岁职业转折点，也不过十年时间。十年，足以成就一件大事，也足以奠定你职场的基石。"入世"十年以后，你希望自己成长为什么样子？有什么样的事业？收入多少？投资多少？过着怎样的生活？如果说人生目标还可以不负责任地设想一下，那么十年规划可千万别敷衍自己了。

三年计划——有了十年计划，为什么还要制订三年计划？计划赶不上变化，虽说只在弹指一挥间，可真正走到十年的尽头，客观环境的转变可能会使你无法完成或早已提前实现十年前的规划，又可能早已经调转船头，换过职业方向，也可能因难以掌握进度与步骤，而让十年计划变得杂乱无章，无从展开，匆匆上马，草草收场。所以，三年计划是将十年大计分期实施，并将计划细化，将目标分解，并由此检验十年规划的价值所在。

新年计划——新年一过，人人都在制订新年计划，阿杜每年年终都会在博客上做一个"心愿收集"，2011年阿杜的"心愿互动"是这样的："过去的日子，可能幸福，可能悲伤，可能美丽，可能无奈，可能不安，但是，愿望都是温暖的，有一个温暖的愿望，才会有温暖的一年。又一年，你的新年心愿是什么？"

EricKa：通过CFA考试Level I

薇薇：茶店开分店，引进战略投资者

帅哥同事A：生个儿子

Lena：把自己嫁了，为家庭为社会除害

紫蜻蜓：注册咨询师考试一次通过

Jing：涨工资

阿W：离了再结

帅哥同事B：减肥

胖儿不胖：上班不打卡，弹性时间工作，一年休假一个月

毛毛：再也不生病

Mr.哆啦A梦：彩票中3个亿，算了还是中500万好了；不对，希望我和家人身体健康；还是希望我工作顺利好了，赚多多的钱……可不可以希望公主快点还我钱？

公主：希望哆啦A梦不要记得我借他钱

Maggie：争取公司派遣，到瑞典总部工作一年

慧妮：跳槽成功，马上转型

格格：希望股市翻红

云也退：新书出版；非洲旅游；一娶而快

阿杜：希望自己的房子升值，希望别人的房子降价，趁机换套大房子住住……到底涨还是跌呢？真纠结

……

　　阿杜坚持要拥有一个温暖的愿望，才会有温暖的一年。愿望不等于计划，但它是计划的起点，新年计划就是新年一过你要迈出的步伐。因此，新年计划要包括实现计划的步骤、方法与时间表，这一年，你要从愿望出发，围绕你的行动准则行事。

　　短期行事历——再近一点，就是短期计划了，下个月你要做什么？下周你要完成什么？计划做的工作，需要完成的任务，财务收支计划，要掌握的新知识和有关信息，想要联络的朋友，等等。短期计划必须具体、详细、数字化，切实可行，马上落实，到期检验。根据事情的轻重缓急，按计划推进，避免"捡了芝麻却丢了西瓜"，重点是别让时间白白溜走了。

做自己喜欢的事，换跑道要趁早

　　"工作就是做一份自己喜欢做的事，还可以领钱。"阿杜可真是这样想的，虽然研究生时专攻大众传播学，然而阿杜却发现自己对财经领域兴趣盎然，但缺乏财经专业背景成为她进入这一行当的障碍。发现了自己的兴趣，也清楚知道自己的劣势所在，阿杜规划出一条"曲线救国"的道路——财经新闻报道，既可以运用自己的专业，又可以随时随地弥补财经知识不足，等到这两项"技能"炼到炉火纯青，再踏入更加专业的财经核心圈，顺利的话，或许不用太久。

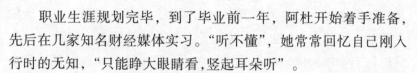

职业生涯规划完毕，到了毕业前一年，阿杜开始着手准备，先后在几家知名财经媒体实习。"听不懂"，她常常回忆自己刚入行时的无知，"只能睁大眼睛看，竖起耳朵听"。

度过了高度紧张的入行初期，随后的签约过程亦相当坎坷。"大王，签不签，签不签，签还是不签？"每天追在总编辑后面，进行一轮又一轮工作签约的密集"逼宫"之后，阿杜还是没有得到"高层"的进入许可。工作半年有余，她仍然挂着"实习记者"的职务，理由是，报社正处股权变更、人事调整、部门改版时期，新人入职审批暂缓。阿杜的职场生涯着实有点艰辛，记者—半报纸编辑半网站编辑—全版面编辑—全网站编辑—记者，整整一个轮回，"除了总编辑，我什么工种没干过！"阿杜也曾经"义愤填膺"过，"试试半年中把萝卜挪五次窝，看它能不能活？"阿杜的结论是：她比萝卜强，萝卜在、坑在！萝卜亡、坑还在！

承受着现实压力的同时，阿杜没有想过放弃这一份坚持，"这是我想做的事！"

除了兴趣支撑，更重要的是，心里的那一份职业规划早已给阿杜勾画出一份未来蓝图，并且梦想已经在路上。七个月后，阿杜签到了职业生涯中第一份工作合同，终于在财经新闻报道领域有了自己小小的位置。

随后的大胆闯荡成就了阿杜在财经领域的专业性，如今，入行七八年时间过去了，伴随着新生财经媒体渐渐长大，阿杜也日渐成熟，虽然期间有两次跳槽，但她都没有偏离最初规划的轨道，距离职业生涯规划的下一步也越来越近。回想当时入行的艰难，阿杜还是会庆幸自己选了一份喜欢的工作，才没有中途放弃，更没有过动摇的念头。

如果你还年轻，或者刚刚毕业，想要做一份自己喜欢的工作，绝不会被人笑作不务实。一张白纸，要画上自己喜欢的色彩才美丽，那么，"入世"之初，千万要选对落脚点。因为，对于我们每个个体来说，工作的价值在于，除了能够换取生存的基本物质需求之外，更是自己梦想实现的途径。

根据调查，大多数职场人士认为35岁是职业生涯规划的中心点，也有不少职场男士认为40岁是职业生涯的转折点。"年龄35周岁以下"——从用人单位的招聘说明中也可以看出，35岁是一个"坎"。

35岁之前，培养兴趣、慎选专业。如果到了35岁，还不知道自己的职业兴趣点在哪里，那么至少要慎选专业，专业领域不能想变就变。如果说变就变，那么之前的工作经验就等于全部归零，不被认可。35岁一切从头开始积累，不一定是最远的通向罗马之路，但一定不是最近的那一条。试想，一个证券公司投行业务经理，35岁突发奇想转换跑道，应聘一家制造业公司的生产经理，恐怕连自己都没信心，就算应聘成功，职场积累也要从零开始，而之前至少十年的工作经验、人脉资源、行业口碑，以及工作成果，全部化成了泡影。权衡利弊，35岁之后如此转型，成本会不会太高？

所以，选择专业领域特别重要，做自己喜欢做的，就不容易轻易放弃。如果想转型，那么转换跑道要趁早。

人脉也是一种生产力。人脉对于职业发展的意义，相信工作了三五年的职场人都能有所领悟，而到了35岁之后，除了要赚取晋升本钱，更要注重的应该是人脉培养。因为，到了40岁，你再去找工作、换跑道，或是营造商机、实践价值，差不多都要靠人脉来拓展了。如果能成功培养和运用人脉，到时候，人脉的回馈会以各种形式、意想不到地出现在你的人生中。

我也想跳槽

天下没有不散的筵席。

农历新年一过，往往就是职场跳槽高峰期，人才流动是职场的自然规律，不过，人才流进流出难免令人蠢蠢欲动。"我也想跳槽"，每一次听说同事离职，多多少少都要经历一番心情黯然。然后，开始严肃地审视自己的职业现状。

要不要跳槽？什么时候应该跳槽？阿杜在入行两年之后，曾面临一次同业挖角的机会，有职场前辈当时告诉她，如果工作环境里，已经学不到新的东西，也没有可以学习的榜样，基本上你就可以选择离开了，去新的环境汲取营养。阿杜牢记这一标准，两次跳槽都遵循这一准则，没有学习机会、没有可以学习的人、没有需要学习的工作内容，工作已然没有了进步的空间，原地踏步就是退步。

诚然，想加薪、想升迁、想换个环境——跳槽的目标大同小异，但却有不同动机：经济负担重的人、对收入要求高的人，或是将身价与个人成就画上等号的人，比较在意加薪幅度、年终奖金、平时福利等，一旦与心理预期有落差，便会"身在曹营心在汉"；喜欢安稳、重视公司稳定性的人，如果知道公司接连不赚钱，就会觉得岌岌可危，立刻准备履历表；责任心重、喜欢肩负重任的人，对于在大企业里扮演小螺丝钉，不免感到大材小用，选择"宁做鸡头不做凤尾"；喜欢不断接受新挑战、新刺激的人，对于一成不变的工作内容会觉得味同嚼蜡、工作无趣；对企业文化要求较高的人，如遇领导不能体恤员工、同事之间钩心斗角，就会让性情单纯的人感觉工作压抑、人际复杂……凡此种种，都可以成为跳槽的理由，但是，不少人或多或少会存在工作盲点，即未经深思就把各种问题或不满归咎于工作本身。其实，问题可能出在你对"工作"认知的偏差。并未触及问题的核心，跳槽就变成暂时的逃脱，如此，你的职业生涯很可能陷入"不满—跳槽—不满"的重复和混乱中。检视工作本身、职业前景，检视自身能力、自我价值，检视工作环境，包括职业目标、工作内容、人际关系与自己的契合度，之后，要不要跳槽，你会有一个自己的答案或决定。

或许，按照阿杜前辈的经验，如果你觉得这里学不到东西，就真的可以走了，也不失为一个简单的衡量标准。

漫长的职业生涯，你必须累积职业生涯资产超过负债：注重个人信誉品牌等无形资产，不要留下工作隐患、产生不良坏账，对培训充电做好长期投资，才能累积资产、减缓折旧、延长职业寿命。总之，要成功经营自己的职业生涯，要像投资理财一样，用好投资智慧，做好经营规划。

○ 投资是一件非做不可的事 ○

"把钱全部用来买股票，会不会有风险啊，万一亏了呢？"第一次开户，第一次小心翼翼买了10手上证50，小小激动之余，慧妮还是有点担心地问。

"没有做任何投资，把钱通通放银行，才是最大的风险。"卡眉最不能忍受把钱"寄养"在银行，在她的认识里，自己的钱放到银行，那就不是自己的了，而是给别人拿去投资生钱。存钱到银行赚到的负利率对她来说是莫大的"侮辱"。

"何况，你不是还有一大堆愿望？"卡眉不时提醒慧妮，只靠工资那是远远不够的。

水清沙白、椰林树影的马尔代夫，人见人爱、招摇过市的Mini Cooper，一年给自己放上两个月的大假，还有，那间属于自己的房……

各种疯狂的梦想都需要大桶的金钱，不是吗？

仅有一份好工作还远远不够

"工作，领薪，消费……还没开始投资？"

如果你在职场打拼了三五年，而你又从没有胡乱挥霍，扣除每年的假期旅游、计划添置的家私、定期的还贷支出等计划内开销，手头上或多或少都会有一些闲钱，拿来做什么呢？是时候做一些投资布局，尝试迈出理财的第一步了。

"我是数字白痴"，"我没有理财天分"，"我对市场不敏感"，"我是文科出身"，"我还没有足够的本金"，"我害怕赔钱"……这些理由应该成为你与投资理财保持距离的借口吗？

当然不可以。抗拒投资就是自我设限。

《富爸爸，穷爸爸》的作者清崎说："理财的权益不可交给别人。"对于女人，更尤如此。不管你是已婚、未婚、不婚、失婚、类单身，让自己拥有一定的理财能力是必要的，原因很简单——仅有一份好工作还远远不够。

记得刚毕业那一年，卡眉苦恼着问阿杜，那么贵的房子，怎么才能攒到首付的钱？想要做笔大投资，怎么才能赚到第一桶金？这问题就和一个新作者想要写本著作没什么两样——那么多字的书，怎么写得出来？"不要管字有多少，踏出第一步就对了。"所有写书出版的前辈大概都会这样鼓励新人。

"投资理财就像写书和爬山，达到顶峰很难，但踏出第一步就对了。"在小新人慧妮开始对投资蠢蠢欲动的时候，卡眉也是这样教诲她的。

然而，面对各种各样的理财工具，在不知如何布局之时，朋友圈的众说纷纭、长辈们的保守建议、投顾老师的慷慨激昂、各种理财杂志与报纸的专业解析、理财专员的循循建言，都会让人似懂非懂，更添三分迷惘。到头来，若没有独立判断的能力，投资绩效的好坏似乎完全取决于运气的好坏。

既然理财的权益不可交予别人，那么独立的判断也还是不依靠别人的好。其实每个人都有连自己都不知道的潜能，踏出第一步就对了。

女人的第一桶金

如果你是刚刚入市的新手，肯定有股海前辈会告诉你股市里有个"三千万"——千万不要借钱买股票！千万不要劝别人买股票！千万不要用自己短期内可能用到的钱买股票！

如果你是女人，也应该要有一个"三千万"——千万要健康！千万要美丽！千万要有钱！

有一些投资的道理，不只适用于股票，也适用于人生，所以，女人赚来的财富不应只在账户里，也要将增值的幸福存到人生里。

投资要踏出第一步，需要第一桶金在手，这第一桶金总是威力无穷。当然，这人生第一桶金，恐怕没那么好赚，你可能会为之挖空心思，想上很久都不会有思路，也可能思路完美却无从推进，更多的时候，这第一桶金一直停留在规划阶段，靠时机、靠运气、靠努力，天时地利人和都齐了，才能成就这第一桶金。

说起每个人的第一桶金，卡眉好朋友赛赛的故事可谓经典，实在值得拿来"膜拜"。2007年5月，赛赛大喜的日子，隆重喜庆的婚宴，让赛赛直接"入账"20万元现金，当然这里面包括了还没有结清的酒席和其他婚礼费用。没有想到的是，赛赛并没有拿出现金买单，而是尽可能地用自己和老公的信用卡支付，早有准备的她已经选好了几只看好的股票，50天的信用卡还款期之后，赛赛靠着这20万红包起步，赚到了人生第一桶金。靠着这笔投资收益，赛赛轻松还清信用卡账单，还有了一笔不小的投资本金，从此踏上了投资的征程。

虽然结果令人艳羡，但赛赛这笔投资仍颇为冒险。

并不是每个人都有赛赛这样的魄力，也并不是每时都能遇到这样的市场时机，更不是每个人都有眼光选对几只好股票。所以，虽然说仅有一份好工作远远不够，但一份稳定向上的薪水，绝对是投资理财的重要基础，是持续理财的主要动力，千万别荒废了"主业"。要想拥有第一桶金，得先攒资本，让自己的收入变多，然后再来想办法，去赚那沉甸甸的第一桶金。

如果你的第一桶金像赛赛这样有20万元这么巨大，假设每年投资报酬率20%，20年后就能达到1000万元；但是，如果你还没有第一桶金在手，报酬率也不要求这么高，只要愿意每个月存下2000元，每年报酬率10%，20年后也有400万元！如果薪水还是不够每个月存下2000元，那挤出600元总可以吧，不过是一天一杯摩卡的钱，以此投资定期定额，假设年报酬率8%，5年后是45000元，10年后就是11万元，20年后就是35.5万元。虽然不是什么巨额财富，但可别小看这每天一杯的摩卡，它可是你一步一个脚印的财富积累。

阿杜靠"换房"，赚到了人生第一桶金。

薇薇靠着下海开出的第一家茶店，积累到人生第一桶金。

卡眉的第一桶金是靠着一只股票起家——三一重工（600031），它给卡眉带来了超过三倍的收益。

找到你的赚钱密码

基本来说，投资理财会分为三个阶段。第一阶段，持续储蓄，"小钱滚大钱"，也许用不了两三年，你就可以存到这第一桶金。这第一桶金的确有很多意义，它代表着你不再是"月光女神"，意味着你可以持续赚钱，还可以持之以恒地存钱；你可以拒绝购物的诱惑，还可以在生活中掌握更大的主动权。第二阶段，因为第一桶金的意义重大，保持战果就显得尤为重要，这到手的财富可别拿去胡乱做赌注，先做一些稳定保本增值的投资，零存整取、基金定投、黄金定投等都是可以选择的投资工具。到了第三阶段，具备了一些理财经验和心理建设，你就可以保本与投资双管齐下了。第一桶金的一半可以尝试着做一些投资冒险，培养自己的市场敏感度，也让财富有机会快快长大。

怎样才能让财富快快长大？赚到了你的第一桶金，或者干脆用存的，存到了你的第一桶金，就赶快上路吧，去找你的赚钱密码。

今年，你决定开始理财了，那么你需要做好全年的理财行事历，在年头就开始培养一些理财好习惯，例如从新年第一天开始记账，开始关注全年的投资大事，预做规划和准备。还有，最重要的是清点自己目前的资产状况，检视资产配置，调整投资比例。

展开冒险的同时，你要为自己架好安全网，做好风险分散，不可将全部鸡蛋放在同一个篮子里，为自己预留退路，设定止损界线，发现苗头不对，要毅然停损退场，留得青山在才不怕没柴烧。更需重视的是投资心态的培养，心理建设不可荒废，这对于投资新人来说，是至关重要的功课。

最后，还有一个"三千万"的投资策略：千万要趁早投资，千万要把赚的钱先抽回来落袋为安，千万要了解自己的投资性格。

投资理财踏出第一步就对了。

02

职场女，究竟要有几张卡？

○ 花钱的幕后黑手 ○

I want it≠I need it

"鉴于众所周知的原因，我决定正式开始省钱了！"卡眉一本正经地宣告。在花钱这件事上，她的一本正经，基本不会引起太多注意。

"但又鉴于不伤害到我充满欲望的小心灵，我决定在每一次掏腰包之前，问自己三个问题，以便自己心甘情愿地放手。"卡眉有点得意自己的创意，总算让大家稍许安静下来。

第一个问题：我真的很喜欢它吗？

第二个问题：我一定要买它回家吗？

第三个问题：不买它我会伤心吗？

三个问题的回答都是Yes时，再出手。

周末，第一次实践，MANGO专柜。

第一个问题：我真的很喜欢这件T恤吗？

回答：还好啦！

第二个问题：我一定要买它回家吗？

回答：买不买都行。

第三个问题：如果不买我会伤心吗？

回答：应该不会吧……

然后，卡眉就转身刷卡买了它。

……

"我呢，真的很难理解女人在想什么。"阿杜总是理智得好像自己不是一个女人。

"我不得不说，卡眉美眉，你的未来生活很堪忧啊。"薇薇"五十步笑百步"地说。

薇薇最近家里紧缺书柜、无线路由器，她天天嚷嚷着买，上个周末，薇薇消息大家说，快来我家有惊喜哦。

卡眉想，薇薇八成是搞定了无线网络或书柜。

大家集合薇薇家一看，她买了个吊椅！

再比如慧妮吧，有天难得早早收工，结果发现新大陆一样，发现家里楼下有一排卖衣服的小店，以前从没注意。她兴奋啊，太阳没落山就开始逛了，最后回来时，她买了一把吉他。

结论：无逻辑购物=女人。

真相：I want it≠I need it。

信用卡"幕后黑手"

I want it≠I need it，这就是女人花钱的真相！

"想来想去，没有什么是必需的啊。"慧妮说得对，购物所满足的消费欲望，多数时候超过必需品所满足的消费诉求。

分不清是"want"还是"need"，是真心想要还是真正需要？更多的时候，更愿意跟着感官选择和决定，干脆没想过带它去做什么？欲望唆使，冲动买单，这就是花钱的真相。说到底，就是放纵消费，放任欲望，放松警惕。

在出手为心头所爱买单之前，倒不是一定需要问自己卡眉那三个问题，事实证明，问了也是白问，那三个问题也着实停留在感官层面。但你真要问问自己，眼前的对象是"I want it"，还是"I need it"？就算是真心"I want it"，而不是"I need it"，也要让自己明白，落个心里"不安"，以对日后警示。如果把"I want it"与"I need it"两者作比较，其实，"need"的花费真的不多，反倒是"want"的费用可以无限扩大，而信用卡则是让"want"变成现实的真正"幕后黑手"。

"买了再说"、"下月才还呢"、"要不分期吧"……信用卡教会了我们慷慨消费，也给信用透支的小小不安"壮了胆"。

然而，如此的消费模式，却可能是酿成财务状况恶化的开始。

有银行信用卡中心人士指出，有七成卡友每月只还款最低额度，换句话说，70%的信用卡持卡人，每月都落入支付高额循环利息的泥淖中，而无力自拔。

既然"want"的量可以无限大，而信用额度又存在上限，更重要的是，你的还款实力并非无限雄厚，那么不妨尝试着设定欲望的额度，在额度内消费，控制自己不要超额消费的欲望，更不要无限透支。

这或许才是理性花钱的真相。

○ 信用卡的真相 ○

信用卡是钱不是卡

买单时更愿意刷卡，不喜欢付现；记得钱包里有几张百元大钞，却不知道自己有多少张信用卡；稍不留意就透支暴增，一不小心就刷到额度上限，不幸遇上大额开销在某一阶段集中"爆发"，个人财务困境不期而至，还很有可能一时间陷入循环利息的深渊。

这是不是你刷卡消费的真相？

使用现金比较会感觉"舍不得"，而信用卡可以积分再换礼品似乎"很划算"，还有刷卡等于记账、可以分析消费习惯等理由，用来"合理化"自己的刷卡行为。然而，问题来了，信用卡消费或分期付款，容易让人自以为"有用不完的现金"，或者至少对现金的流出没有痛感，完全没有警觉"欠款"的金额正不断累积，最后变成"巨额"负债，还会越滚越多。

"信用卡消费、预借现金、车贷和房贷，在款项缴清之前都该列为'借款'。"一位日本存款管理大师表示，这才是信用卡消费的真面目。

信用卡是钱，不是卡！

这才是信用卡的真相。

循环信用的黑洞

"办两张信用卡吧？"很多职场女大概都动过这样的念头，特别是在申请人生第一张信用卡之后没多久，好像突然洞察了信用卡的奥妙，"A卡专门用来刷卡消费，用B卡的额度还A卡的欠债，再用A卡的额度还B卡的债，可不可以这样操作？"初入职场的新人可能都会向前辈讨教这个问题，得到的答案，应该无一例外是：绝对不可以。

"那会使你陷入个人财务的恶性循环。"更可怕的是，一旦中间任何一环出现差错，影响了正常还款，都会留下不良信用记录，或者让你陷入循环利息的支付泥淖，对日后的信用贷款带来很恶劣的影响。

信用卡的定位，应该是一种支付手段，不是专门拿来扩张信用、超额消费的工具。信用卡真正的价值，在于利用信用卡管理财务，而非一味预支消费。

但如何避免当上"小债女"，让负债控制在可掌握的范围内呢？你需要善用信用卡，让它不仅仅是支付工具，还能成为投资理财工具，超值使用。

至少在用卡时，不到万不得已，不能使用循环信用，避免坠入负债的黑洞。

求人不如求卡

求人不如求卡，想想也对，一卡在手，50天的免息期不仅解了燃眉之急，还会让你有先拿银行的钱花的得意。不过，千万别当银行傻，一不小心，你就有可能坠入循环利息的陷阱。

对于信用卡消费，如果还款日前全额还款，银行是不收利息的，目前各家银行最长免息期约为50天。假设账单日是每月10号，还款日是每月28号，那么你在11号刷卡消费的金额将在下个月10号的账单上体现，而你只需要在下个月28号之前还款，就不会产生利息，免息期接近50天。

但如果到期没能全额还款，即使只差那么一点点，银行也会将全部消费金额逐笔计算利息（按照日利率万分之五计）。而预借现金则是没有免息期的，将从预支当天开始计算利息，一直记到还款的前一天为止。

这，就是循环利息的"出处"，它有着能将你拖入负债黑洞的巨大能量。

必须搞懂的循环利息计算

循环利息究竟是怎么算出来的呢？

循环利息=应还款金额×万分之五（利息）×天数A（消费日期到本期还款日的天数）+（应还款金额-已还款金额）×万分之五（利息）×天数B（本期还款日到下期账单日的天数）

依然假设你的账单日为每月10日，到期还款日为每月28日。你在9月30日（记账日10月1日）发生了一笔5000元的消费，10月10日的账单上显示本期应还款金额为5000元。假如不幸的是，你在10月28日之前经济拮据，无法做到全额还款。于是，你只能在10月16日偿还了其中的4000元，剩余的1000元直到10月31日才全部还清。

那么，按照目前日利率万分之五计算，你将为此支付多少利息？

很多人都会以为，截至10月28日的还款日，仍有1000元没有偿还，这笔钱已过了最后还款期限，因此将不能享受免息期待遇。从消费日10月1日起直到10月31日还款前，一共应支付30天的利息，即$1000 \times 0.05\% \times 30 = 15$元。至于另外那4000元，因为已在规定期限内还款，所以不需要缴纳任何费用。那么，应支付的利息总额就为15元。

真是这样算的吗？如果你是用这样的方法计算自己的应付利息，那么，收到账单后，"应付利息"一栏的金额一定会令你大吃一惊。你应付利息的金额绝不会是15元，而应为45元。为什么有如此大的差距？关键在于，那按期偿还的4000元也将被征收15天（从消费记账日起到偿还4000元的前一天）的利息！

以这笔消费为例，正确的应付利息为：$4000 \times 0.05\% \times 15 + 1000 \times 0.05\% \times 30 = 45$元。

银行的"口径"当然是："由于未按时偿清欠款，持卡人不得享有免息期待遇；银行对当期全部欠款按日征收利息，'日数'的计算按照'先刷先还'的原则。"但实际上，大部分银行在信用卡使用条款中仅罗列了循环信用利率，并未明确说明应纳息欠款金额的计算方法。

这只是单笔消费的计算，再做一次复杂的假设：

假设账单日是每月20号，还款日是每月8号，1月1日消费1000元（记账日1月2日）1月10日消费2000元（记账日1月11日），

1月15日（记账日1月16日）消费3000元， 2月8日还款1500元，2月15日还款1000元。因为没有全额还款，所以不能享受免息待遇，全部消费共6000元都将产生利息。只是，在每笔还款金额的"冲还"之后，每笔消费产生的利息不尽相同，银行系统会逐笔计算。

那么你在2月20日账单上可以看到的利息是：

$1000 \times 0.05\% \times 37$（1月2日—2月7日）$+500 \times 0.05\% \times 28$（1月11日—2月7日）$+1000 \times 0.05\% \times 35$（1月11日—2月14日）$+500 \times 0.05\% \times 41$（1月11日—2月20日） $+3000 \times 0.05\% \times 36$（1月16日—2月20日）$=107.25$元

可以不夸张地说，因一时疏忽少还了1块钱，结果多支付100倍的利息，完全有可能。

多可怕的循环利息，你还敢轻易碰它吗？

表2-1　假设总计消费6000元到期未全额还款循环利息计算

消费日	记账日	消费金额	日数	利息	利息总额
1月1日	1月2日	1000元	37天	18.5元	
1月10日	1月11日	2000元	28天/35天/41天	7元/17.5元/10.25元	107.25元
1月15日	1月16日	3000元	36天	54元	
账单日：每月20日 还款日：每月8日					

利滚利

搞清楚循环利息的构成，你该明白天下没有免费的大餐了吧。还有一点要注意的是，每月还款时，还款金额将优先偿还利息和手续费。

到了账单日那天，利息会体现在账单里，如果你是在最后还款日才还款，那么，从账单日到最后还款日之间的这些天，利息部分也会被计算利息——这就是更可怕的利滚利，这部分利息滚出的利息会体现在下一期的账单里。如果你能在账单日第二天就立即还款，或者还掉利息部分，就能避免利滚利的负担。

可能的情况下，全力以赴全额还款，千万别以为占了银行便宜。

更不要随便动用"求人不如求卡"的念头。

○ 别让负债超出可掌握的范围 ○

不能"债"这样下去

　　一边嚷嚷着学投资，一边过着卯吃寅粮的生活，你是不是这样呢？真心想要变有钱，就不能"债"这样继续下去。

　　如果你每个月都被债务追着跑，收入的一半以上都拿来偿还信用卡消费，不用怀疑，那肯定是一种不良借款，不良借款正是"养成"小债女的主要原因。

　　想要理债，首先要清楚债务是怎么来的，为什么会负债，然后才是有方法地理债。

　　万事达卡财富管理大师曾经归纳出六项会造成个人财务危机的事件，只要其中一件或更多事件发生，就会让负债超出可掌握的范围。这六件事是：生活及消费超过收入、失业、离婚、额外的医疗支出、额外的家庭或车辆支出、遭到诈骗或不当理财。

　　不难看出，只有"生活及消费超过收入"是可控或处于可控条件下的事件，其他都是不可控的"意外"事件。所以，想要理债，最好从"生活及消费超过收入"这项入手。

　　想理债，关键是要做对两件事："改变错误的金钱观"和"不做信用扩张的事"。当你明白了花钱的真相，找到了适合自己的赚钱方式，错误的金钱观会随之逐步修正。而不做信用扩张的事，则是每分钟都要提醒自己的原则。

因为，落入金融陷阱是一件很容易的事。

收起账单随时对账

想理债，却还没能力一步理到位？那就学习先做好支出管理。

收起信用卡收据，每周做个对账，有时间还可以做好记录和整理，随时提醒自己知道"已经刷了多少钱的债务"，要知道，信用卡是钱不是卡！

收到信用卡账单的时候，不必再尖叫，没什么大惊小怪，不必后悔莫及，也用不着痛不欲生，你应该早有预期。就算真的不清楚这个月"want"的量到底到了多少，你也该清楚，刷卡时的痛快，必然伴随账单面世时的触目惊心。收起账单的作用，无非是利用列出的消费明细，帮自己回忆当时的消费冲动，检讨是否有多余的消费，警示下一次的欲望扩张。

特别是现在电子账单的使用，更便于建立一个文档，环保又方便地调阅数据及做好财务分析。

如果想更好地理债，你还要再进一步，做到整理账单，分析消费明细，总结出财务现状及消费构成。

将花销集中在一两张信用卡上，也有集中管理支出的好处。了解自己的收入及支出形态，是有效理财的第一步。

○ 你需要几张卡? ○

"无卡一身轻" 早就过时了

即便信用卡有这么大的危险陷阱，但现代社会中，信用卡的支付便利毋庸置疑，更何况，信用卡还有积分和各种附加功能可以享受，没有理由被抛弃。至于说，为了控制花钱而狠心剪卡、不带卡出门、将卡片"寄养"在别人钱包里，都是不现实的行为。毕竟，"无卡一身轻"的说法早就过时了。

但职场女到底需要多少张卡?

储蓄卡、信用卡、消费卡、预付费卡，还有五花八门的会员卡……马上翻翻你的钱包，收拾口袋，检查一下抽屉角落，看看你有多少张卡。其中有多少张随身携带，有多少张被丢弃在一边或者根本不知所踪，有多少张卡被年费、折扣、积分"套牢"。

拥有很多卡不代表很有钱，拥有高额度也没什么拉风，小心"卡神"变成"卡奴"。

是时候清理你的卡片，让卡包轻松上阵了。

四张卡四个出口

储蓄卡，无论你是不是主动或者情愿，一定要有一张储蓄卡，它是独立于工资卡的借记卡，不可以消费透支。储蓄卡是你"强迫"储蓄的"入口"，无论你是不是愿意，又或者收入有没有结余，储蓄这件事一定要做，而且越早越好，无论是定存还是活期，哪怕数额很小，也要有一张专门的卡收纳这存起来的资金。

消费卡，就用工资卡好了，固定的薪金方便掌握收入状况，且入账时间固定，更方便作出支出规划。无论是储蓄、消费、投资、意外支出，工资卡应该是你资金的主要出口，因为，工资薪金仍是你目前最主要也是最重要的收入来源。而作为大部分资金的出口，原则上，手中唯一的信用卡要与这张消费卡绑定还款，并且，信用卡额度应该以工资薪金为上限。这样，各种资金的流出就变得"一卡可控"了。

至于投资，无论你有没有开始投资理财这件事，都应该预备一张投资卡。它是你投资轨迹的全记录，除了记载每一笔投资的时间、标的、份额、成本之外，还可以计算投资收益、分析投资得失、调整投资布局。投资卡通常与证券账户、基金账户、黄金外汇账户等绑定，打入投资卡账户的投资本金，最好是整数，最好定期打入。

如果你计划每月薪资的一定比例拿来进行权益类投资，一定比例用来储蓄，还有其他的资产配置，那么固定的这笔钱要在固定的时间打入投资卡账户"待命"。不管是不是马上有买入股票或其他投资行动，都要定期定额地打入账户资金，时刻准备着为各种投资出动，依市场情况伺机而动。投资，就要有铁的纪律。

机动卡。如果你有其他外快，可以单独预备一张机动卡，作为灵活消费或机动支出的出口，也方便你建立一个"灰色财富档案"，偶尔满足一下计划外的欲望消费。

财务管理，账目清晰最重要；卡片管理，功能整合最重要。

03

"月光女神"该存多少钱?

○ "量入为出" 还是 "量出为入"？○

短暂休假后的财务危机

如果说房子是阿杜的安全感来源，她不断置产；创业是薇薇的安全感来源，她不断置业；那么，理财就是卡眉的安全感来源，她不断储蓄、投资、变现，落袋为安、再投资；而慧妮呢，小小富二代，还不懂得世事艰辛，对安全感的渴望也没有十分强烈，但她也最有潜力，从零开始培养自己的理财细胞。

可是，慧妮的转折时点却比她的闺蜜们来得都要快。

这还得从慧妮的一次旅行说起。

毕业刚工作那个新年，眼看年关将至，慧妮还没能完全适应职场的复杂人际关系。在一轮人事调整之后，她着实有点小焦虑。

去散心吧，新年小长假加上告假几日，慧妮过了半个月"面朝大海，春暖花开"的幸福日子，原本做好准备愈战愈勇的，可一回来她就傻了，半个月没干活，自然零收入，而半个月的薪资在无规律打折之后，更是少得可怜。没料到的是，屋漏偏逢连夜雨，一到家又听到了房租上涨两成的噩耗！

虽然挂着富二代之名，可慧妮不是早就公开宣布自己是经济独立的吗！难道要请求爸妈支援？那不是功亏一篑了？

可是，这一回，财务危机"逼宫"，慧妮真要"阵亡"了。

毕业就当"月光女神"？

一次休假和旅行就导致自己财务危机？

生活成本没预期地涨价使得自己措手不及？

"失业"半个月，损失承受不了？

是不是一毕业就当上了"月光女神"？

那么，你的身价到底值多少？身处财务危机的慧妮开始严肃地思考这个问题。

身价也分有形和无形，无形身价是你的实力价值，要靠学历、经验、资历等来计量，有形身价当然就是你的财富身价，包括在你名下的动产与不动产。"问问你自己，你的存款有多少？可用的现金有多少？每月固定收入是多少？有没有其他收入来源？"卡眉一连串的问题"紧逼"慧妮。

你的账户里有多少有价证券，包括股票、基金、保单？你的房产市值多少？车子现值多少？你拥有的有价物品现值多少，包括珠宝、首饰、收藏品？你在做的理财规划有哪些？每年可以有多少理财收益入账？

这些只是你账面上的财富身价，与此同时存在的，当然是你还有或多或少的负债在身。你的房贷还剩多少？车贷多少？每月信用卡负债平均多少？其他内债外债还有没有？

清楚了自己基本的财富信息，用"总资产—总负债"就是你目前的身价。随时检视自己的身价，才能更好地平衡收入与支出，调整自己的理财动向。

认真清算一遍之后，慧妮冷静了一会儿，开始焦虑自己的身价问题。

"工作之后你得存钱了。"卡眉语重心长地说。以她的理财经验，让钱趴在银行睡大觉是不对的，但可以让钱在银行里"打个盹"，等小钱变大钱。

"阵亡"前的一刻，慧妮意识到了存钱的力量。她想到了，如果不想求助爸妈，不靠朋友，那么银行里有点存款，就不会这么处境危急了。

定存——只准进不准出的磨砺

钱存不下来？"月光女神"常常这样抱怨。慧妮向卡眉汇报了她的收支情况——每月到手薪资平均4500元，房租1800元、工作日饭费600元、水电煤电话网络费200元、交通费400元，以上是固定开销，扣除之后，余款只有1500元，供社交、娱乐、添置新品，以及应付突发支出，虽然谈不上捉襟见肘，但能够存下来投资的钱所剩无几，如遇财务危机还会出现负结余，财富积累谈何容易！

几顿大餐、欢唱KTV、芭芭露莎（Barbarossa）酒吧里小酌两杯、做个全身SPA……这些都不是太奢侈的享受，但是几张大钞很容易就不见了，为了慰劳自己却"养活"了别人。

"月光女神"存不了钱，多半是因为她们大概认为想要存钱，得在收入减去支出后有结余才能进行。错！收入减去储蓄才是支出！

你是"月光女神"吗？那得从最没技术含量的存钱开始。起初，要强迫自己储蓄，每月定期将固定的额度——薪水的一部分自动转存到固定的账户，若非紧急，绝不动用，储蓄计划雷打不动。这一笔小小的存款应该以不会影响日常开销为标准，不必为了存钱过着非人的生活；还要可持续，不能心血来潮存笔巨款，也不可因为手头紧张分文不入。小钱变大钱不是一朝一夕，财富积累更是需要时间帮忙。

以慧妮到手薪资4500元为例，每月自动转存600元。储蓄之后，再做固定开销，余款再做机动花费，这才是所谓的"量入为出"！

强迫储蓄要怎样"强迫"呢？零存整取是个不错的办法。薪水一到账就转入储蓄账户，点击"零存整取"，眼不见为净，到期本息合计可能会有意外惊喜，这是强迫储蓄和储备投资资本的最佳手段。

这个月，当你开始这么做的时候，恭喜，你已经不再是"月光女神"了。

○ 通胀周期里，还要不要存钱？ ○

合理的资产配置

你账户里的存款是零？还是有几个零？零越多，代表你的资产水位越高，还包括，你开始正视资产问题的时间越早，以及你更早有机会拿这笔钱做投资，换得财富自由。

现金25%、定存25%、高风险高回报（股票、黄金）25%、低风险低回报（保本型基金）25%，是资产篮子的常规配置，但也仅供参考。合理的资产配置，应是可以穿越经济周期，经历通胀、通缩，都能实现财富的稳健增长。

在对定存、分红保单、债券、黄金、基金、股票、房地产等各类投资工具一一比较之后，发现定存是投资报酬率最低的一项投资工具，不枉"最没技术含量"的称号，但其风险低、投资门槛低、长期保本，且变现性高，又有其莫大的优势。大部分职场女性累积资本所运用的第一个金融工具就是银行存款，它也最适合"月光女神"从零开始迈出储备投资资本的第一步。

刚刚下决心摆脱"月光女神"的称号，慧妮就走进了通胀周期的通道。通胀周期里还要不要存钱？"反正明天的钱更不值钱，还不如到股市里赌一把。"慧妮虽然存款寥寥，但她的想法代表了不少"赌通胀"人们的心声。

通胀是一轮财富再分配的竞争，在竞争中，保值不一定是最有价值的目标，但一定是最好的目的。你可能没有听说过这个理论，"想抄底的人永远都抄不到底，机会往往留给了那些无准备的人"，说的就是抱着赌一把的投机心理，在股市赚钱效应的吸引下，奋力纵身一跃，一头扎进股市的人们。然而，巴菲特来中国时，有人问他通胀来了是不是应该更积极地买入股票，他的回答是，现金的贬值不构成必须买股票的理由。

理论上，财富管理的理论体系由货币的时间价值、资产配置理论和生命周期理论三部分构成，其中唯有货币的时间价值最难掌控。也就是说，个人可以主动地去调整资产配置，可以主动地进行人生规划，却无法主动地应对货币价值的变化。

通胀不通胀，不是你存不存钱的决定因素。

表3-1　各类投资工具比较

工具	投资报酬	风险	投资门槛	变现性	长期保本	节税
定存	极低	低	低	高	有	部分
分红保单	最低保障+分红	低	低	高	有	有
债券	低	低	中	中	有	部分
黄金	中	中	低	高	有	有
基金	中	中	低	高	无	部分
股票	高	高	低	高	无	无
房产	高	高	高	低	有	无

利率再低，也要每月定存

又到了"现金为王"的时候？其实，无论是在通胀周期，还是通缩周期，一定的现金储备都是必要的，一定的定存更是要早早布局的资产配置，它是随时可以"出动"的投资本金，是财务危机爆发的救急金，是突发事件时的紧急备用金。

2012年6月8日，央行三年来首次降息之后，当天，四大行同时上调了一年期人民币定存利率，从央行降息后的3.25%，上浮0.25个百分点，至3.5%，恢复为降息前的水平。这是我国第一次实现金融机构存款利率自主上浮，它意味着资金定价的市场化，也意味着未来存款利率可根据市场资金供需状况自主调节，银行存款将更具有竞争力，储蓄将成为真正的投资工具。

即使目前活期储蓄存款利率仅有0.4%，但因为其变现性优势，银行存款长期来说都还是最多人的资金停泊之处。变现性高，意味着银行存款最适合用来作为存放应急基金之用，像慧妮的财务危机突如其来，当生病、意外，更甚者失业等突发事件发生，都会急需一笔资金，好让生活继续下去。

在通胀周期里，变现性理应列入重要考量。利率再低，也要每月定存，它是随时可以转化为现金的投资品种，也是降低生活风险的保障。

跑赢通胀

放在银行的存款会被通胀吃掉？

"不是说这几年都会在通胀周期里吗？那还要不要存钱？"

如果你像慧妮一样，并非专业的投资人士，也非投资领域从业人员，对花样百出的投资工具不算精通，那么，与其冒险投资，不如保本为上。虽然说，以目前来看银行一年定存利率在3.5%，2011年中国通胀水平最高冲到了6%以上，实际已经呈现负利率2.5%的现象，不过，即使通胀周期继续，资产以每年2.5%的速度缩水，100万元也要100多年才会归零。与金融危机正盛的2008年相比，后者单年度就有一半的投资人亏损五成以上资产，两害相较取其轻，损失孰轻孰重一目了然。更何况，有生之年，总要轮回几个经济周期，何必过分担心银行存款被通胀吃掉呢？从通胀到通缩的轮回中，银行存款可能还能帮你"拯救"投资收益呢。

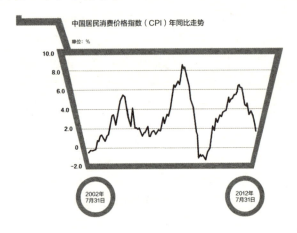

图3-1　中国居民消费价格指数（CPI）年同比走势

（2002.07—2012.07）

　　"把钱放在银行定存不动，会侵蚀自己努力的成果……"这和卡眉最初的想法一样，慧妮对这项没有太多技术含量的投资工具没有好感，除了对利息收益看不上眼，更是担心放在银行的存款会被长期通胀吃掉。

"但是，你忘了？你现在财务危机哦，谁能帮你，还不是银行里的存款？"储蓄的功劳或许只有在你情况危急的时候才能脱颖而出。

"规划再好，能自律才是王道。"卡眉说给慧妮听。这也是所有"月光女神"不再重蹈"月光"老路的"王道"。

表3-2　假设年CPI为 6%、一年定存利率为3.5%，
每10万元的实际购买力状况

年度	账面资产（万元）	实际购买力（万元）
0年	10	10
1年	10.35	9.76
10年	14.11	7.88
20年	19.90	6.20
50年	55.85	3.03
100年	311.91	0.92

○ 怎样的存钱术适合职场女 ○

无痛储蓄法

"存钱，就像减肥一样。"卡眉的心得是，如果要你每天只吃清淡无味的食物，减肥肯定不会持久，原因是"不满足"，但如果能兼具美味、营养、低热量，控制吃进去的食物量，减肥成功的几率就会很高。存钱也是同样的道理，为了存钱而省钱，为了存钱而缩减开销减少社交，生活圈子变得越来越小，如此的存钱法肯定不可持续。既能存钱又不影响生活品质的"无痛储蓄法"才可以让你很快乐地存下"第一桶金"。

存钱是一种习惯。有人月入3万元还是月光族，有人月薪3000元却可以存下钱来，全看有没有心。每个月薪资入账先把固定的钱扣下来转入储蓄账户，其余再拿去"挥霍"和做其他投资，从小钱开始，一步一个脚印，让小钱变大钱。存得多不如存得久，重点是要能持之以恒，还要"无痛苦"。

尝试一下无痛储蓄法，你可能改变对储蓄的认识。投资，从最没技术含量的储蓄开始吧。

如果你像慧妮一样，从零开始执行储蓄计划，那么月月存再合适不过了。从开始储蓄的那个月起,到第二年的这个月,12个月,每月将1000元薪资存一年定期,按照目前3.5%的年利率水平,1年后本息合计1035元;第二个月仍然存入1000元,以此类推,到第二年的这个月开始,每个月都会有一份本息合计1035元的存款到期。如果没有急用,就不需要到期提取,银行会将到期存单自动续存,也可以事先与银行约定自动将其转为2年、3年或者5年定存,这样,阶梯式操作可以让资金流动起来,还避免了提前解约的损失。

存单一年到期可并不意味着你的储蓄计划也随之到期,到了第二年,仍将每月要存的1000元添加到当月到期的一年存单中,继续滚动存款。

月月存,年年滚,一方面定存利率远远高于活期存款,如果预期短期内没有急用,可以考虑延长定存期限,获益更高;另一方面,存单年年月月循环往复,像慧妮这样出其不意急需用钱的时候,就可以将当月到期的存单兑现"救急",即使一张存单不够,还可以将未到期的定期存单质押办理质押贷款。

每天存一点,梦想近一点,不必急着创造经济奇迹。"愿望小一点便会容易实现。"卡眉的储蓄存单是用来圆梦的提款机,一些小的梦想要实现,比如旅游、添置物品,就可以等短期定存到期,或者干脆将小额短期解约,既不会有太大损失,也能时不时为自己圆梦。

外币定存也能赚

其实,除了人民币储蓄,外币存款也是不错的买卖。由于人民币升值的预期仍然存在，出于套利的目的，很多人将手中的外币兑换成人民币，导致外资银行外币存款大量流失。而同时，2012年起，外资法人银行正式纳入75%的贷存比监管之列，为了保持存款的持续增长，外资银行也不得不采取提高存款利率的方式把外币留在银行，普遍推出了美元、澳元等外币存款优惠利率，甚至不得不干起"赔本赚吆喝"的买卖。"限时美元优惠，最高可达3倍利率优惠。"2012年5月，花旗银行在其官方网站醒目位置的一则广告显示，从即日起，以美元新增资金在该行存款，即可享受利率优惠，其一年期美元定存利率最高可达3.475%，而该行美元一年期定存挂牌利率为0.95%，实际利率已经接近挂牌价的4倍。而且，令人意外的是，花旗银行这次"起步价"还非常低，享受优惠利率的门槛仅为新增1000美元存款即可，这对高高在上的外资银行来说可是难得的放低了身段。这里所谓的外币定存挂牌利率，是指外资银行在央行核定的基本利率的基础上，在规定的幅度范围内，自行制定本行的利率标准，并每日对外公布。也就是说，外资银行拥有自行决定对部分外币利率进行优惠或调整的权利。

美元之外，颇具诱惑的还有澳元。以汇丰银行澳元储蓄为例，一年期定存利率最高可达5.5%，3个月和半年期定存利率也分别达到了4.5%~5.1%和4.7%~5.3%。而2012年5月，澳元一年期定存挂牌利率为1.58%，3月期和半年期挂牌利率为1.39%、1.51%，汇丰银行澳元储蓄的实际利率最高已达挂牌价的3.5倍。

生活中，多留意一下银行的理财动态、地铁站里的广告牌、银行官网的主动营销产品、新闻网站弹出来的Flash动画、邮箱里的垃圾邮件，这些很可能都能成为你的赚钱机会。金融市场瞬息万变，即刻锁定当下的优惠，可别错失了时机。

外币储蓄看上去陌生,操作起来其实并不难。目前,无论中资银行还是外资法人银行,都可以办理外币储蓄业务,你只需货比三家,选定某一币种利率较高的银行,开立外币储蓄账户。如果手头有外币现钞,选择储蓄期限直接存入即可;如果想做外币小额投资,在外汇局规定的额度内(目前个人年度购汇额度为5万美元),通过办理个人购汇手续,买入相应币种的外汇,存入外币现钞账户即可。但这个过程一定要计算好汇率成本,别费尽周章,利率收益还不够填补汇兑成本,就划不来了。

有意思的是,不同于人民币储蓄,不少银行的外币定存期限越长,利率反而越低,这是因为外币储蓄利率受到国际金融市场的影响,波动较大,稳定性也较差,银行对此的利率变动频繁。而外币储蓄也多以短期为主,很多银行的外币储蓄仅提供1年期定存。有的币种两年期定存利率甚至低于1年期利率水平,以汇丰银行欧元定存为例,其2012年8月25日公布的1年期定存利率为0.3%,而其两年期定存利率仅为0.1%。

总而言之,外币定存还是宜短不宜长。

卡眉还发明了一套外币定存必赚的投资法则——同时做两款利率最高的外币,比如一款澳元定存和一款美元定存。通常,两者之间的走势呈互补,虽然美元在未来几年还有可能走弱,但仍具有"外币盟主"的地位,有必要长期配置;而澳元因澳大利亚经济与东亚新兴经济体高度绑定,在美元贬值的背景下,升值预期升高。以2012年6月花旗银行外币定存挂牌价为例,澳元一年期定存利率为2.5%,美元一年期定存利率为1.25%,澳元14天存款年化利息还有2.0%这么"诱人"!两者组合,产生自然避险,而各自也享有不错的利率,即便汇率差没赚到,至少也能赚到利息。

04

女人需要一间自己的房

◎ 男人会走，房子不会 ◎

"让男人都去死吧！"薇薇"恶狠狠"地诅咒，将手中的冰摩卡一饮而尽。

"但是房子要给我留下来。"阿杜漫不经心地说。

这，已经不是薇薇第一次失恋了。不过，却是今年入夏以来，她第一次召集大家宣告新恋情告终。

薇薇的恋爱越战越勇，就如同阿杜买房越买越high。

以时间换空间

上海居大不易。想要在内环有一套自己的房，哪怕仅仅是一间小小蜗居，也绝不是简单的事。

阿杜的买房经历从2005年开始，那年大家硕士刚毕业，怀着刚刚入行的忐忑，拿着微不足道的薪水。买房，谁都不敢想。

就在那年，上海的一轮房价上涨还没起步，徐家汇新开盘商品房阳光巴黎也不过叫价每平方米一万八九，静安远中风华园开盘价每平方米2.5万元吓退普通购房者，而中环以外新房还只是遥望着万元大关爬行。

再看看现在，不过六七年时间过去，2011年7月，远中风华园以均价7万元挂牌，徐家汇兆丰帝景苑卖到了单价4.5万元，2010年初开盘的新华路一号，更是以9万元单价、仅有的60席稍显寂寞地上市，并很快爬到10万元以上单价。

这期间，全国大中城市房价几经涨涨停停，只见一路上涨有快有慢，却难见房价倒退，更别提大跌崩盘，踏空的购房者比比皆是，悔不当初。房价一路上涨并还在一路看涨中，买还是不买？如果自住，什么时候出手才合适？

回头看，买在当时永远不会错。

阿杜早就想通了这一点，与其每月薪水的大半供奉给房东，还要承受房东随时收房的惴惴不安和租金上涨的愤然，不如给银行赚去利息，自己落个固定资产在口袋，买个安定在心里。

2005年那一年，CPI（消费者物价指数）还没有成为买菜大妈脱口而出的关键词，百年一遇的金融危机还没有发生，外资炒房还没入场，一切都在稳定蓄势中……

但工资收入，也只能算是简单的积累过程中，买房，会不会太冲动？

其实，"第一次"不过就在一念之间。阿杜的第一套房买在了中环外，"没想那么多，离家近，可以常常回去吃饭"。当然，这第一次出手，还要父母鼎力支持。虽然月供自己来，但首付全部拜托给了爸妈，每月房贷也仅相当于之前中心城区的房租价，阿杜也还算轻松地做起了房奴。

就在大家都过着"没房没车没男人"的"三无人生"的时候，阿杜已经踏进了有房一族的行列。

回头看，买在当时肯定不会错。

所有手中已握有房产的人今天都会这样告诉你，只恨当时没有买得更大，没有和银行借得更多。

那几年，没有外资限购，没有户籍限购，没有房产税，没有最低首付比，没有二套房贷款利率上浮，没有三套四套银行房贷暂停，没有排队等银行放款……更重要的是，没有房东的坐地起价，没有中心区小户型的一套难求，没有购房者的排队买号，没有新房的开盘售罄……买房正当其时。

而这只是阿杜买房路途上迈出的第一步。虽然先行一步买好了房，可实际上，阿杜并没有安心在自己的小屋里住上多久，媒体记者的职业让她白天奔波，夜晚写稿赶工，外环的小屋在一天的辛劳之后变得遥不可及。并且，死党们的消遣聚会、奢靡的都市夜生活，似乎都与外环的小屋相距甚远，时间成本、交通成本成了比房贷更重的负担。

很快，阿杜将外环的小屋出租，在单位附近与同事合租了一套两房，收租与此租金相抵，而工资的四分之一拿来还贷，经济负担没有太大变化，社交生活终于有序进行，阿杜愉快地回归"都市生活圈"。南京西路的Barbarossa、复兴公园的Park 97、同乐坊的Muse，就成为几个死党夜幕出动的集散地。

然而，租房的"动荡"很快让阿杜不安，再次买房的念头蠢蠢欲动。

2003年之后，上海房价开始了一轮高歌猛进，全市商品住宅成交单价从2003年的每平方米4989元起步，仅用了一年时间就涨到了6385元/平方米。之后，楼市在2005年、2006年稳步小幅涨高，直至2007年达到了一个新台阶——8253元/平方米。在2008年面对楼市调控，房价虽短暂滞涨，稍稍回落至8182元/平方米，但到了2009年，房价强势反弹，一口气攻破万元大关，达到12364

元/平方米的单价。在2010年，更是一路飙涨至14213元/平方米！

而阿杜的外环小屋市值也随着市中心的疯狂上涨坐上了飞机，这一路上涨坚定了阿杜"以远换近"的决心。2008年刚刚入夏，阿杜将外环小屋出手，还掉银行房贷，净赚50万元，3年时间，房价从6000元涨到了16000元，上涨了约1.6倍。

阿杜就这样挖到了人生第一桶金。

怀揣50万元，阿杜又踏上了买房的征途，不同的是，这一次，可以买近一点，买好一点。

很快，阿杜选定了南京西路CBD（中央商务区），闹中取静的一幢高层公寓房，价格虽然不菲，但重要的是地段无可挑剔。"黄金地段黄金价格。"看着大家惊讶的眼神，阿杜淡定地解释。

享受一次房价上涨的快感

从2008年下半年开始，一年之间，上海中心区房价在楼市调控、成交胶着中虽停停歇歇，但仍难抑向上势头。一路到了2009年下半年，刚性需求难抑，投资需求寻找出路，卖家期待值被不断抬高，房东返价、买家追价屡见不鲜，新一轮上涨在压抑过后蓄势待发。

果不其然，2008年到2009年这一年时间，上海房价涨幅超过了50%，而2010年更是相比2008年时的房价上涨超过70%！这意味着，你在2008年花100万元买的房子，不到一年时间已经价值150万元，两年以后价值170万元；可也意味着，原本100万就能纳入的房子，到了2009年，你得花150万元才能到手，到了2010年，你得多付70万元，还未必买得到。

房子卖掉，真的再也买不回来了？阿杜可不这么认为。

果然，欲望都市，欲壑难填。"一室一厅"久了，显然无法满足阿杜的欲望生长，虽然上海居大不易，可在有了小房之后，是不是也可以幻想一下"房子大一点再大一点"？况且，为了不让房产升值仅仅停留在账面上、飘在空气中，是不是也该实实在在享受一次房价上涨的快感？

阿杜是行动派，行事果断不输男人，有了这个念头还等什么——挂牌。买房交易完成刚满一年，同一家房产中介同一个房产经纪人接待了她。经纪人乐坏了，中心区小户型一套难求，阿杜这套精品房源肯定抢手，"挂个高价试试看"。挂牌没几天，便有人来看房，除了地段、楼层、房型无可挑剔之外，看房人对房子的装修风格一见钟情，150万元高价还价5万元，意向成交过程只用了十几分钟！

阿杜怀揣着5万元定金又开始了扫房之路。这一次，她一下看中了淮海中路一套底层老公寓，十几平方米的天井可装修成玻璃房做成咖啡屋，这可是阿杜的"终极愿望"。房东咬定245万元的"天价"分文不降，阿杜用上一套房的溢价支付了新的首付，却也背上翻了一倍的银行贷款。

从50平方米到55平方米到70平方米，从外环两居换到内环一居，再换内环两居，不过四年时间。一路走下来，阿杜的房贷越背越重，房子却越换越开心。当然，这一切在房价上涨的周期中实现，也在对房价看涨的期待中得到满足。

阿杜爸说："买第一套房时，想起你每月工资剩不下多少都给了银行，我就心痛；买第二套房时，想起你银行里背着50万元的债，我都睡不着觉；现在你欠银行欠到了80万元……"

这，或许就是大都市里的人生，"纵欲"没有尽头，"以远换近以小换大"的房子只是一个浓缩，勇往直前似乎是唯一出路。

这座城市像一架快速运转的机器，而我们每一个个体好像被架在这架机器上，无法停下来。

而当你追求更多、享受更多，还想追求更多的时候，是不是也意味着付出的成本更多、代价更多？

○ 可以没有钱，不能没有房 ○

真的可以没有钱，也不能没有自己的房？

也算经历几番磨砺之后，阿杜这几个单身女人的结论是，在这个年代，在上海这座城，女人的安全感靠那个来自遥远火星的男人吗？或许还是不要奢望的好。女人的安全感靠这样也可以有：首先，一份安定体面且是自己喜欢的工作，收入还能游刃有余，社会地位稳固。其次，这座城市里，有亲密的死党、闺蜜，有精神寄托，记得曾经有一次，失恋的阿杜找到卡眉，抱着酒杯，两人立誓，今后无论谁失恋失意想要喝酒，另一个都要一呼即应、随叫随到，无论她在干吗、在谁身边。都市单身生活中，这样的失恋失意"机会"恐怕不会少，但有这样彼此温暖依靠的闺蜜在，安全感自然大部分得到了满足。最后，你有一套属于自己的房。在这座城市里，女人的安全感基本就满足了。

或许，这种安全感无法与亲人、男人、婚姻所给予的来得温情脉脉，但这安全感来得可靠、可持续、有保障，不得不承认，房子在单身女人独立生活中地位难撼。薇薇的结论是，房产证上写着自己的名字，当然比男人更让她有安全感，虽然只有70年的所有权，但哪个女人敢说自己对男人的所有权能长达70年呢？

30岁前拥有自己的房

如今，在上海、北京、广州这样的大都市，年轻的单身女人在有能力或者未来可以有能力的前提下，在买房问题上越来越果断。在一次网络调查中，对"如果我有钱，第一件事是买房子"一项，超过半数的女人认同了这种愿望。这种愿望在30岁以上的单身女人身上更为明显。

心理学家对此分析说，从心理学角度讲，女性比男性更需要安全感，需要平稳丰富的生活，因此女性也比男性更渴望有一套属于自己的房子，有自己独立的居住空间，在结婚之前，细心经营自己的单身生活。

"住进自己的房，就踏实了。"卡眉在一段时间的租房奔波之后，毅然地也投入了扫楼战斗，全然不管"有房的女人难嫁"这句"咒语"。显然，扫楼、看中下单、交易、办证，远比选男人、交往、考验、领证，容易那么一点，毕竟买房的事，一个人可以说了算。于是，在29岁生日之前，卡眉终于结束了"在路上"的生活，住进了钻石地段的小小蜗居——虽然只有50多平方米，可重点在于，那是自己的房。

卡眉记得，还在读本科的时候，系主任曾经对他们讲过："如果你在30岁之前还没混到自己的房和车，那就来不及了。"总算，29岁之前，她赶上了。

上海如是，北京如是，不过也并不是只有中国都市女性会在买房的问题上毫不犹豫。根据加拿大某调查公司的调查结果显示，在加拿大，37%从未结婚的单身女性拥有自己的住宅，"单身女性对买自己的第一套住房比找第一任丈夫更加热衷"。根据他们的调查，这些独立买房的女性平均年龄为29岁，80%没有小孩，

49%拥有大学以上学历，只有29%的人表示将来可能因为结婚而卖掉房子，而50%的人表示，如果卖掉房子，原因只能是为了买更好更大的房子。

早在2001年，日本发布的《东京都住宅白皮书》调查统计显示：日本东京都内有单身男性约96万人，单身女性约60万人。其中，有自己住房的男性仅占8.5%，而女性则为13.3%。而这种差距近年来越来越大。

而在大西洋彼岸的美国，单身女性正逐渐成为买房的主力军。美国经纪人协会2012年5月进行的最新住宅业调查结果显示：美国单身女性在购房者中的比例达到四分之一，是单身男性置业比率的两倍。单身女性已然掀起了买房热潮。

在《走向单身：独身主义的崛起与诱惑》（*Going solo：The Extraordinary Rise and Surprising Appeal of Living Alone*）中，作者埃里克·克兰纳伯格(Eric Klinenberg)说："买房已经成了她们从一个生活阶段向另一个阶段转折的有力途径。无论对她们自己还是认识她们的人来说，这都是一个信号，表明她们准备好进行自我投资了。"

居住空间对于女人意味着什么

居住空间对女人到底有多重要？究竟怎样的居住空间才能满足女人所需要的一切？

高木直子在她的《一个人住第五年》里这样写道："还记得很小的时候，我总是幻想能拥有一个属于自己的小屋，先想着要把它打扮成什么样子：床单和窗帘都要纯棉的，阳台上要铺一层鹅卵石，用挂在天花板上的秋千来代替椅子；天晴的时候躺在石子上晒太阳，下雨的时候坐在秋千上听音乐……后来，一不小心就长大了；后来的后来，一不小心就来到了陌生的城市……第一年，想要把房间布置得可可爱爱；第五年，哎呀东西杂物不断增加……"

住在花园里，大概是每个女人小女孩时期的梦想吧，温暖、干净、宽敞、舒适，有着自己渴望的所有元素，居住空间对女人一早就具备了天生的引力，这引力随着女孩的成长成熟越来越强大，直到梦想有能力实现。

居住空间对女人到底有什么影响？是安定、自由、独立，或是生活品质、生活状态、生活态度？还是人生规划、理财规划的重要内容？

在搜狐网2011年3月进行的一项网络调查中，有一项为："你觉得房子和爱情，哪个更重要？"40.4%的未婚女性表示对于爱情和房子哪个更重要不好说；39.2%的男性认为房子代表的是家庭基础，而29%的女性认为房子代表的是安全感，其中27.7%的未婚女性同意房子比爱情重要，并且随着女性经济实力提高，六成未婚女性选择婚前买房。

由此可见，当房子PK爱情，当房子PK婚姻的时候，爱情和婚姻已然"没有安全感"。

一间屋的投资意向

英国作家弗吉尼亚·伍尔夫在她的《一间自己的屋子》里讲到，女性应该有自己的一间屋。一间屋，在满足安全感、锁定安全感的同时，在现实层面，它还等同于投资意向、经济收益。

其实，在"欲望都市四人组"当中，最早动心以买房来投资的人并不是阿杜。阿杜毕业后的大胆出手，还是出于自住的朴素需求，而薇薇则不安分得多。2006年夏天，薇薇从澳大利亚留学回来不满一年，上海房价正在酝酿一轮升势，薇薇抵挡不住开发商的强势推销，加上尚有留学打工的积蓄，按捺不住投资的憧憬和冲动，在一个周末约会档，薇薇叫齐四人"跋山涉水"来到浦东金桥正在建设中的滨江45酒店式公寓考察。

这是两座略显简单的酒店式公寓，小户型每套37平方米建筑面积，赠送30平方米错层，单价1.7万元，房间层高5.5米，通透落地窗，遥看黄浦江。除了薇薇，其他三人意见统一：环境不佳、配套落后，开车到浦西中心区至少40分钟，规划中的隧道不知几时开通，站在18层的窗边，看得到的"江景"中满眼尽是造船修船场景，唯有这两座公寓"高高在上"，与环境格格不入，更与自己的生活格格不入。

"买了房，你还有钱马上买车吗，没有车，怎么进城啊？"阿杜最担心距离影响社交，"地段地段还是地段"都说烂了，阿杜还一直挂在嘴上。"配套什么时候能齐？看上去没有三五年这里很难像个样子。"在阿杜看来，这块区域既不适合居住生活，也不适合投资升值。而等待升值和配套跟上的过程恐怕会非常痛苦。

"除非买来养着。"卡眉不动声色地说。

"对喽，"薇薇就是这个意思，看她动心得不得了，"在市中心哪里买得到60多万的房子啊，还是一手房"。不仅如此，这套小户型房屋属性是非住宅产权，可以用来注册公司，错层的设计也十分适合小型的商贸公司或者艺术设计工作室，酒店式公寓的管理可将出租等日常管理事宜交给公寓物业打理，自己不必费心。原来，薇薇一早看中的就是这里的投资价值。

事实证明，买房之后的五年时间里，薇薇只前去交接过几次，租金定期打到账户，其他一概放心交给物业，而房产升值已经超过30%。薇薇品尝着坐享收益的甜头，安安心心做起"小包租婆"。

○ 买房前一定要知道的三件事 ○

什么时候买房合适

什么时候买房合适？像阿杜一样刚毕业就念着买房，还是像卡眉一样，工作、积蓄都有所余力之后再决心下单？其实，若是用来自住，买房随时都是买点。

原理很简单，无论是上海、北京、广州、深圳这样的一线城市，还是稍显"寂寞"的二三线城市，有限的土地上，房子也是相对有限的，就算当下可能买贵，把时间拉长五年十年来看，房屋价值不会消失，而地段好、品质好又相对稀缺的房子，价格还会在稳步上涨中。

大环境下，中国的城市化进程还将有15~20年时间要走，根据麦肯锡全球研究院的预测，到2025年，中国的城市人口将增加3.5亿人，其中有2.4亿是来自农村的移民。根据麦肯锡的研究报告《迎接中国十亿城市大军》，在中国未来的发展中，一级大城市（如上海、北京等）将是持续推升中国经济增长的核心引擎，二、三级城市（如成都、苏州等）也会快速壮大。而集中于京津沪深广等一线城市的"挤破脑袋"往里冲现象，加上引进人才、外籍雇员、全球投资资本等渠道的人口及资本流动推波助澜，房价恐怕难有下跌的理由。

即便在中央重拳调控之下，房价也只是遏制住上涨势头，或缓涨，或交易清淡，或买卖胶着，但看不到房价"崩盘"的丝毫迹象，原因很简单，庞大的刚性需求存在，并还在生长，限购限贷卡住了投资投机，却拦不住刚需，只要价格稍微松动，观望中的买家很可能马上抢着接盘，这样的背景下，房价"短空长多"。指望房价回归理性，降到百姓可以承受的价格区间，还需要中央坚定调控决心和进一步的调控政策。不过，用时间赌政策，对于个人投资者来说并不是一个明智的选择。

结论是，无论回头看，还是长远看，买房买在当时，应该不会错。常常听到年轻人叹"房子买不起啊买不起"，其实，观念对了，你就买得起。

想想，你已经为房东"打工"了多少年？是不是也该给租房人生画上一个句号？

卡眉算了一笔账，2005年研究生毕业到2009年买房，租房整整4年，期间合租、独居共换过3套房，平均一年多时间搬家一次，租金从分租每月1300元到1500元，再到独居每月2600元到2800元，期间，租金从未跌过价，租房市场处在名副其实的上升通道，每一年至少有一次涨价风潮，合同从一年一签，到半年一签，房东的涨价预期越来越高，也越来越容易实现。楼市交易兴旺时，带动租房市场上行；当楼市交易清淡，又反推租房市场火爆。粗略计算，4年下来，卡眉的房租花去了将近10万块（1300元/月×12月=15600元，1500元/月×12月=18000元，2600元/月×12月=31200元，2800元/月×12月=33600元），还不算水电煤气、有线电视、网络费、物业费、房产中介费、搬家费——就算买一套百万的房子，也至少一成首付白白送给了房东！

以此推算，如果租房10年，同一套房，按房租每年平均10%的升幅，10年下来，你交给房东的钱用来买房首付绰绰有余。

而其他，你的沟通成本、心情成本、安全成本，各种租房衍生成本，比经济成本更令你不堪重负。

买总价多少的房

贷款买房子的人都知道"三三法则"——第一个"三"，是要准备三成首付款，第二个"三"，是贷款的本金加利息，每个月还款金额不要超过月收入的三分之一，日后负担才不会太重。

在央行发布的《2009年中国区域金融运行报告》中，根据对20个重点城市的抽样调查显示，2009年，房贷借款人月还款占月收入比的平均比重为34.2%，已超过三成的还款收入比。网调显示，贷款买房者月还款额超过收入三成会有压力感。

因此，不少人选择多付首付，因为他们不喜欢压力上身，更不愿将压力留给漫长的未来。当然，如果有余力预付更多首付款也未尝不可，但长期来看，通胀仍然是一个全球性的趋势，银行存款利率能不能一直跑赢CPI还很难讲，贷款利率仍有可能回归上行通道。由于房贷期限通常较长，首付及贷款的比例选择，应当结合经济周期考量。

到底可以买总价多少的房，买房前一定要心里有数。

按照"三三法则"的底线，公式如下：总价=首付款（总价×30%）+贷款，这个公式既可以倒推总价，也可以用来验算贷款金额。

以阿杜的首套房为例，首付备有50万元，简单计算可知，可以买差不多170万元的房；再计算一下向银行申请的贷款总额，贷款=总价-首付款（总价×30％）=170万-50万=120万。这只是阿杜买房总价的上限，并不是说一定要买170万元的房，以她首套房150万元的总价计算，贷款=150万-50万=100万，总价预算减少，如果首付依然坚持将50万元全部用掉，那么首付比例更高，贷款可以相应减少；而如果首付选择只付三成的"底线"，贷款=150万-45万=105万，贷款会有相应增加。

而卡眉则不同，她的首付比是倒推而来的，选择比较有弹性。先选房，看中的是100万元的房，贷款=总价-首付款（总价×30％）=100万-100万×30％=70万，计算一下每月房贷还款额，卡眉吓了一跳，月供差不多要5200元，压力感陡增。减压的办法不少——要么延长还款年限，要么提高首付比，而如果贷款年限延长5年，多付的利息可以多买几个平方米了；而如果首付4成，月供差不多就减了1000元，卡眉想，如果可能，宁愿选择首付多付一点，每月的压力恐怕难消化。房子选中，付款安排敲定，接下来就是凑首付啦，这回要请爸妈"援手"了吧，卡眉称之为"内债"，债务期不限。

还要记得，预算中别忘了税费、中介费、各种交易手续费等，这些也包含在购房成本里。卡眉就差点忘了这部分开销，在交易手续完成后，和房产中介结算时，差不多占到房价总额2％以上的各种手续费用，也是一笔不算小的开销，应当提前预备，因为很有可能在你各路资金全部到齐交给卖家的那一刻，你手里、家里、银行里的余款已呈现一副捉襟见肘的窘态。

核查预算、备好首付、匡算贷款额度之后，可以买总价多少的房，心里就有数了。下一步，你就可以放心选房子，把自己的要求明确告知房产经纪人，扫楼的事留给他们干，你要做的是勤做功课，有合适的小区和合适的房要勤跑勤看，但一定要目标清晰，切忌什么房都看，看到最后，疲惫不堪，连自己也没了兴趣，只想草草了事。

一定要记住"有房是幸福的，负担是现实的"。千万不要因为买房，影响了生活品质，再背上沉重的心理负担，那可是得不偿失。

找到上班和房子距离的平衡点

确认上班和房子距离的平衡点，是买房前必须要做的功课。

预算有限，只能用时间换空间，上班和房子之间的距离怎样才是合理？既要考虑位置方便，也要考虑中心区房子升值空间。不会太奔波，也不会背负太重的经济负担。

相比阿杜的"地段地段还是地段"，卡眉对房子位置的选择"单纯"得多——闹中取静，与繁华一步之遥，都市生活唾手可得，但却自得一份宁静。

从毕业后与同学合租，到独自租住小户型，再到买下小小"豪宅"，卡眉的"徐家汇情结"虽经历了一圈轮回，但最终没有远离这个地方。然而，突然有一天，卡眉发现，因为结婚、跳槽，或者进修深造的关系，朋友们都搬离了徐家汇，她不由感慨，"徐家汇只剩我一个人了"！"整个徐家汇都是你的了！"同事乐颠颠地说。说起这繁华中宁静的一隅，她总是如数家珍："这里有一个大花园、三个小花园、一个大绿地，一所大学，无数条安静的小路……"最重要的是，抬眼就可以看到徐家汇中心的灯火通明，耳边却没有嘈杂烦乱的车水马龙；刚刚从徐家汇中心的朋友聚会尽兴而归，走走路就到了路灯缥缈的悠然小径。这才是卡眉选择不离开这个地方的"硬道理"。

当然，并不是每个人都有卡眉这样的市中心情结，而房子位置的选择应该以交通便利为首要考量，工作与居住的距离以不必奔波和辗转换乘交通工具为宜，并不能忽略的是，这一距离还要可以承受打车的成本。因为，偶尔的加班或者赶工，收工时很可能只能选择打车这一交通方式。

○ 做个轻松快乐的房奴 ○

2012年，新年第一天，卡眉收到了新年第一条扫兴短信："您的贷款利率已从4.48%调为4.935%……"经过2011年的3次加息，2012年1月1日起，各银行开始执行新的贷款利率，存量房贷客户的商业贷款利率（5年以上）上调65个基点至7.05%，个人住房公积金贷款利率上调60个基点至4.90%。房贷客户在签订个人房贷合同时，大部分与银行约定的贷款利率调整时间为"次年1月1日"，因此，对于老房贷客户而言，第二年1月1日开始执行新的利率标准。

自买房以后，卡眉基本每年新年第一天都会收到这样的调整通知，由于自买房开始一直处于加息通道，卡眉收到的提示短信都是利率调升提醒。唯一值得安慰的是，卡眉申请房贷时，正处在房市新一轮涨势之前，商业贷款尚有购买首套房利率打7折的甜头，卡眉也因此在加息通道中锁住了往后的利率优惠。

2010年以来，国家房地产调控政策之下，加之银行信贷资金吃紧，房贷申请一改信贷宽松时的供大于求。从银行主动"打折"，与房屋中介联手争客户，到房贷客户积压，排队等放款，贷款买房虽然不能说一夜之间"冰冻"，但确实逐渐扭转了势头。而新申请房贷利率更是水涨船高，首套房7折优惠早就难觅踪影，1.1倍基准利率在四大行的带领下，大小股份制银行紧跟其后，更有银行早早停了三套四套房贷款，而申请获批的房贷客户排队等放款的景象也足够壮观。而随着2011年下半年资金面紧上加紧，因为银行放款拖延而导致的房屋交易违约、交易终止也越来越多。更有不少卖家希望买家一次性付款、现金直接入袋，为此宁愿在议价中大步退让。但现实的情况是，能一次性付清房屋总价的客户少之又少，贷款仍是绝大多数购房者的主要筹资渠道。

对于年轻的白领女性来说，房贷不应成为购房的一块绊脚石，在仔细对比与精心选择之后，跟银行打好交道，制订适合自己的贷款计划，并随着经济环境以及自己所处人生阶段的变化，及时调整还贷计划，改善生活、改善生存状态，做个轻松快乐的房奴。

房贷怎么借、怎么还？

根据法规，我国商业银行的房贷产品中，最长为30年期贷款，如果购房首付款预备得少，是不是该申请30年期的长期房贷呢？

以100万商业房贷为例，采取等额本息还款方式，如果选择30年期贷款，以2012年开始的新的基准利率水平，年利率高达7.05%，则每月还款须6686.64元；如果缩短10年，选择20年期贷款，则每月还款7783.03元，虽然每月多付利息1096.39元，但20年下来利息实则少付了53.93万元。10年的利息差额高达50多万元！

以央行制定的5年以上贷款基准利率7.05%计算，30年、20年、15年、10年房贷的月还款额分别在6686.64元、7783.03元、9016.26元、11636.63元，相应地，4档期限的支付总利息分别在140.72万元、86.79万元、62.29万元、39.64万元。

不难看出，长期房贷与短期房贷各有优势，30年期房贷优点是每月还款负担较轻，缺点也很明显，总的支付利息非常沉重，利息支出已经是贷款金额的1.4倍，加上归还本金，100万元房贷款最终还给银行的金额高达240.72万元，付出的利息再买一套房都绰绰有余了；且还款期长达30年，很难预料期间的经济周期、自身的生活工作状态，也就意味着还款计划可能跟不上变化而需要不断调整。

而15年或10年期贷款，相对还款期较短，总体少付不少利息，缺点是每月还款负担较重，不过仅看给银行赚取的利息额实在具有吸引力，100万元贷款分别以15年与10年期计算，利息"仅"为62.29万元和39.64万元，分别为30年期贷款利息的44%、28%。无论如何，都比30年长期贷款划算得多，如果能力允许，还是选择年限居中或相对较短的贷款为宜，如果没有特殊情况变化，也尽量中途不要延长还款期限的好。

表4-1　100万元商业房贷不同贷款期限利息差异（注：等额本息还款方式）

年限	期数	年利率	月利率	月供（元）	还款总额（万元）	利息总额（万元）
30	360	7.05%	5.875‰	6686.64	240.72	140.72
20	240	7.05%	5.875‰	7783.03	186.79	86.79
15	180	7.05%	5.875‰	9016.26	162.29	62.29
10	120	7.05%	5.875‰	11636.63	139.64	39.64
5	60	6.90%	5.750‰	19754.05	118.52	18.52

这样的计算之后，房贷怎么借、怎么还，一目了然了。看到"触目惊心"的对比，卡眉在申请房贷时，迅速作出了调整，从最初预设的首付3成贷款7成期限20年，迅速调整为首付4成贷款6成期限15年，30万元商贷因此少付8万多元利息。

要不要锁定房贷利率？

"那要不要把利率固定下来？"薇薇的贷款银行最近几次电话"推销"它的固定利率产品，游说薇薇把浮动利率房贷转成固定利率房贷，薇薇有点动摇。持续看涨的贷款利率，25个基点、20个基点……落实到月供上委实是增加了不小的负担。

固定利率房贷是与银行约定一个固定的期限，通常为1年、3年、5年的短期产品，在该期限内贷款始终按照合同约定的贷款利率计息，通常为当时基准利率的1.1倍左右，利率不随央行利率调整或市场利率变化而改变，在固定期满后，贷款人重新选择要继续固定利率贷款，还是更换为浮动利率贷款。

目前，银行推出的固定利率房贷产品多为短期，且利率普遍高于央行基准利率。这种贷款方式比较适合预计未来利率会上涨的时期，也就是处于央行加息通道中的情况，在一个加息周期里，可以通过在未来几年锁定利率而帮助你省息。

除此，固定利率房贷还适合二套房或多套房的贷款。以二套房为例，由于二套房贷利率目前至少上浮10%，为基准利率的1.1倍，与固定利率房贷的利率相比，相差不多，而一旦加息，固定利率就显出优势了。如果预期未来仍有连续多次加息，则选择固定利率肯定划算。如果预期未来一段时间不会持续加息，则应选择浮动利率。而对于固定利率房贷的期限，最好不要超过5年，因为在一个较长的时间里，可能经历经济周期的循环过往，期间如遇降息，想要更改固定利率，需要额外支付一定的费用，有可能并没有更划算。

因此，固定利率房贷并不适合所有的购房者，它适合对未来的支出有精确规划或对未来利率变动有着自己明确认识的投资者。

等额本金还是等额本息？

商业贷款时，银行都会问你是等额本息还款还是等额本金还款，第一次买房前自然要做一番比较。"这么复杂，要怎么选呢？"慧妮有点摸不着头脑了。买房经验最为丰富的阿杜开始给她上课："所谓等额本息还款呢，就是月供本息相同，而等额本金还款则每月等额偿还本金，但利息逐月递减。"

慧妮一脸茫然。简单说，就是在贷款初期的月供中，等额本息还款月供的本金都不相同，利息占比较大，本金占比较小；而等额本金还款在整个还款期内，月供的本金都相同，利息逐月减少。在贷款时间相同的条件下，等额本息还款要比等额本金还款多付利息。

以阿杜第二套房80万元商贷为例，还款期限20年，阿杜在贷款当时预计几年后可能会部分提前还贷，因此选择了等额本金还款。以2009年5年以上商贷利率执行5.94%年利率计算，如果是等额本息还款，则月供为固定的每月5703.79元，80万元贷款的还款总额高达136.89万元，利息支出为56.89万元，利息占到了41.56%；而如果选择的是等额本金还款，则还款总额为127.72万元，利息支出为47.72万元，均少于等额本息还款，利息支出占比也降低为37.36%。如果像阿杜这样，预计将来可能提前还贷，选择等额本金还款能节省不少利息。

如果处在加息通道中，利息在所偿还资金中的占比还会越来越高。按照2011年7月7日加息后执行的5年以上年利率7.05%计算，等额本息还款则月供为6226.42元，还款总额达到了149.43万元，利息支出更是达到69.43万元，占比高达46.46%，差不多还款总额的一半都是银行利息；若是等额本金还款，则还款总额为136.64万元，利息支出56.64万元，占比也有41.45%！

在当前加息预期依然存在的情况下，采用等额本息还款，最初几年付给银行的利息远远多于本金，一旦提前还贷，会发现前期还的钱大部分是利息，而不是本金，提前还贷就会觉得吃亏。因此，如果买房时就预计部分提前还款，最好选择等额本金还款。同时，等额本金还款对于当前收入较高或预计不久收入将大幅增长的人，等额本金还款也较为有利。

表4-2　20年80万元商贷等额本金与等额本息还款的利息支出情况

项目	利率							
	5.94%（2009年5月）				7.05%（2011年7月）			
	月供（元）	还款总额（元）	利息支出（元）	利息占比（%）	月供（元）	还款总额（元）	利息支出（元）	利息占比（%）
等额本息	5703.79	136.89万	56.89万	41.56	6226.42	149.43万	69.43万	46.46%
等额本金	不固定	127.72万	47.72万	37.36	不固定	136.64万	56.64万	41.45%

公积金贷款与商业贷款的组合

以目前的央行基准利率看，上调后的5年以上公积金贷款利率为4.9%，低于商业贷款7.05%年利率2.15个百分点！因此，申请房贷时，一定要用足公积金贷款，也就是30万元的额度，如果你还有补充公积金，那么贷款总额可以达到40万元的上限。在首选公积金贷款之后，剩余金额再考虑商业贷款补充，也就是房贷产品为公积金与商贷的组合贷款。

除此，还有装修贷款等也可以通过买房交易申请获得，类似公积金贷款这样的政策补贴优惠一定要在你第一次买房的时候启用，千万别错过了使用机会，到购买二套房或者改善性住房时，已经无法享受这些"优待"。

提前还贷值不值？

每年终了，盘点各行各业的年终奖是媒体"年夜饭"的大餐，晒晒自己的年终奖也是阿杜她们几个年夜饭的重点。

"老板让我自己报年终奖数额呢。"卡眉在三家外企转战8年之后，终于做上了HR（人力资源）副主管的位置，瑞典总部空降的新老板对她也是赞赏有加，竟然请她自己填报年终奖金额，并且问她"How many Year-end bonus will make you happy？"（你想要多少年终奖？）

"哈哈，填个双年薪给老板！"阿杜狮子大开口。真是隔行如隔山，媒体行业"羞涩"的待遇让人不忍曝晒，还动辄号称"集体过冬"、"传媒业的冬天一直没有过去"，年终奖双薪已算不菲的待遇。

卡眉仔细考虑了一遍，拿出AB两套方案递给老板，自然，AB方案年终奖金额有一定差距。"……but, if you give me the 'B' bonus, I will be definitely much more happy!（如果你按B方案给年终奖的话，我会更开心！）"

结果当然很令卡眉满意，be much more happy（要更开心）！年终奖超预期，用来干吗呢？卡眉想到了提前还贷。毕竟，无债一身轻。提前还贷还是有它的吸引力，而且也是应对加息最直接的办法。提前还贷包括部分提前还款和全部提前还款，提前还贷提前还的是贷款本金，减少贷款本金使用金额，并缩短贷款期限，实现贷款利息的节省。如果手头有大笔闲钱，又没有更合适的投资渠道，或者相信"无债一身轻"，那么选择提前还贷未尝不可。阶段性的提前还款也可以帮助资金更好地使用和减轻日常还款压力，减少利息损失。

提前还贷大多是部分提前还款，年终奖的意外到账可以考虑阶段性提前还贷，也就是部分提前还款。全部提前还款适合大额的投资收益落袋或者某项投资告一段落资金收回之类的情况，诚然，在资金紧张的经济环境下，通胀预期犹存，不得不考虑"现金为王"，提前还款落得"无债一身轻"的同时，想再从银行渠道获得投资本金恐怕难度不小，对于自己的投资组合需要全盘考虑。

阿杜、薇薇她们两个有房族倒是从没把提前还贷纳入规划，阿杜的理财观里始终觉得不用急着还清房贷。因为，当房贷还清或阶段性提前还贷之后，多出来的这一笔固定的房贷金额，如果并没有一个更好的规划和投资用处，在一段时间之后，有可能惊觉在没了房贷的情形下，账户里依然没有存款，那就可能损失了时间又损失机会，最终损失了财富。

○ 趁早卡位，它能成为你最成功的投资 ○

情有独钟房地产投资

"是不是一定要买房啊？"从小到大和爸妈生活在一起的慧妮，即便步入社会也没想过一定要住进自己的窝。与漂在北京、打拼在上海、闯在深圳的移民一族不同，慧妮的成长经历里，家的概念就是爸妈在的地方，而卡眉、薇薇她们，打拼在远离父母的城市里，家的概念是和自己的房子绑定在一起的。

"你的观念要修正，买房不一定是要安家，你和爸妈继续一起生活没问题，买房是为了投资，趁早在房市里卡位。"卡眉教导慧妮，借助父母的"实力"尽早投资房地产。

美国理财大师大卫·巴赫（David Bach）也这样讲过："除非拥有自己的房子，否则你不可能致富。"这不仅因为房地产是最好的投资，更因为在他看来租房是财务上的"自我毁灭"，所以David Bach一直主张，不管房价涨多少，买房永远不嫌晚。

如果还在疑惑为什么非要买房和投资房产才会积累财富，那么以下分析或许能帮你坚定买房致富的决心。回顾以前和展望未来，中国的房价大致呈长期阶梯式上升趋势。中国的房地产市场每6~7年经历一波景气循环，过往经验显示，在每一个景气循环周期中房价均呈现"大涨数倍、回调仅数成"的走势。

以上海为例，1999年是上一波景气周期的谷底，2000年开始，上海房价步入上升通道中，全市成交均价从2000年的3327元/平方米，到2007年的阶段性高点8253元/平方米，涨幅达到了1.5倍，而2008年开始的宏观调控短暂抑制了房价涨势，全年成交均价收于8182元/平方米，仅比2007年的高点回落不足1%，稍作休息后的房价，在2009年上攻到12364元/平方米，再至2010年的14213元/平方米，至此，2000年开始的这波景气循环，波峰时涨幅高达3倍多。

在中国投资渠道有限、投资品种尚不丰富的状况下，房产这种长线上涨的商品，已经被列为最重要的家庭资产。"巨额"增值，要靠你手中的房子才有机会享受到。

"你工作一辈子赚的钱，可能还不及房地产的获利。"阿杜对房地产投资很偏爱。美国房地产专家迪恩·葛拉西奥希（Dean Graziosi）的观点是："当房地产价值上涨时，你等于是用别人的钱在创造投资报酬率。"

对于正在进行的房地产调控，SOHO中国有限公司董事长潘石屹在被问到"投资客现在是不是不能再进场"时，潘石屹的回答很巧妙："买房子切忌分自住和投资，因为无论自住或投资，都不能随便买。"自住购房与投资购房的差别在于，自住者注重符合自己的需求，投资者注重的是符合多数人的需求；自住者考虑的是自己的负担能力，投资者考虑的是房子的收益能力与增值能力。潘石屹的建议是："正确的购屋观念是，一定要自住兼投资，考量未来增值性，将房地产纳入理财轨道。"因此，即使是购买你的第一间自住房，也要用投资者的角度去思考房子未来的增值潜力。

"自住也是投资,也是积累财富。"卡眉有她自己坚持的观点,拥有房子的安全感,不仅在于可以了无牵挂地拥有自己的家,还在于你知道自己正在积累财富,又或者它能成为你一生最成功的投资。

其实无论涨跌,"尽早买,尽早还,尽早投资"的真理不变。

高处不胜寒的房价会不会大跌?

高处不胜寒的房价会一泻千里吗?还要不要买房?

经历了近两年的调控,2011年的中国房地产市场,终于告别了之前两年的疯狂。随着北京、上海、深圳、广州等一线城市成交量严重萎缩,交易接近冰点,房地产的冬天在史上最严房地产调控之下,恐怕真的来了。

2012年,一线城市成交更是惨淡,中心城区胶着,外环房价拼跌,不少卖家从开始的挂牌探市到如今主动降价。

"财富洗牌快来了。"卡眉判断。

2008年的金融海啸至今余波荡漾,这场席卷全球的金融风暴虽然始于美国房地产次级抵押贷款危机,但最终蔓延到实体经济,并升级为全球金融危机,投资人损失惨重。

后危机时代,大洋此岸的亚洲,稳健的房地产投资又再度受到投资人的青睐。在台湾地区一项上班族认为最安心的投资工具调查中,选择房地产投资的有54%,选择银行定存的有36%,选择保险的则有16%。而投资房地产的理由42%为自住,29%为出租,为交易赚钱的占19%。

即便是在房地产调控的当下，房地产投资同比数据显示，住宅投资增速依然在30%左右，房地产很可能仍然是未来相当长一段时间最好的投资工具。

重蹈香港日本楼市覆辙？

早期做投资的人可能都会记得1997年的香港"楼灾"，1984年至1997年，香港房价年均增速超过20%，这一波涨势一路走了十几年。据资料显示，1994年1月至1997年10月的高峰期，3年零10个月的时间，香港整体房价上涨了68%。导致当时香港楼市泡沫的主要原因就是超低利率带来的过高的杠杆率和过度的投机需求。

然而，1997年的亚洲金融危机严重冲击了香港的经济，进入1997年10月，短短一个月内香港恒生指数从最高峰的18000点暴跌至11000点，市值蒸发超过三分之一。随之，香港楼市开始有炒房者抛售房屋筹集资金为股票解套，股市越跌，楼市抛盘量越增，房价下跌、成交量萎缩，楼市泡沫瞬间崩溃，房价在1997年10月19日到达最高峰后的一年时间里下跌了近一半，1998—2004年，香港房价跌势持续了6年，6年来跌幅累计高达65%。

如今的内地楼市与当时阶段的香港有几分相似，接连几个上涨周期，最新一轮上涨又连涨3年，而此时，境外债务危机深化、中国经济放缓、通胀预期犹存、资本市场低迷，加上空前的房地产宏观调控，内地楼市会不会重蹈香港楼市崩盘的覆辙？

国家此轮调控政策，通过加大保障房供应和限制投资投机需求，想让房价回归合理。"楼市泡沫不要涨，但也不要跌，最好稳在那里。"因为无论是涨还是跌，都会产生社会和经济问题。如果楼市泡沫继续吹大，会形成绝大多数人买不起房的社会问题，保障房再多入市也不可能解决所有中低收入群体的住房问题；而如果楼市泡沫破裂，那之前高位接盘的房奴们会不堪重负，高位入场的投资者赚不到钱可能断供，而这又会引发中国式金融危机。因此，"让房价回归理性"成为国家宏观调控的主基调，楼市崩盘的景象恐怕不会上演。

20世纪90年代初，经历了30年经济飞涨之后的日本，楼市、股市相继崩盘，日本开始陷入经济危机的泥淖。回顾日本1985—1991年的楼市走势，大致经历了几个重要节点：1985年日元开始升值，1986年大量资金进入房地产，1987年日本房价飙涨3倍，1988年房价开始下降，1991年房价持续下降、楼市崩盘。

而中国楼市2005—2008年所经历的情况，似乎与当年的日本楼市惊人的相似。2005年人民币开始升值，2006年大量资金进入房地产市场，2007年房价飙升，2008年房价下降……不过，这并不意味着中国楼市会像日本一样崩盘。

首先，中国的人口红利短时间内还不会消失，学界普遍认为中国还有15~20年的人口红利期，这将对中国楼市形成支撑；其次，大规模的城市化进程还在推进，未来将有数亿农民转化为城镇居民，这一过程如果持续15~20年，还会带来大量的住房需求；对于货币升值，当年日元大幅升值，从而使日本楼市泡沫化加剧，而目前中国不会轻易大幅升值人民币，人民币升值的过程将是循序渐进的；最后一点，就是空前的房地产调控显示了国家此次的决心，相信能"让房价回归理性"。

"准备买房的人盼跌，投资人怕跌。"卡眉是盼跌又盼涨，盼跌是还想入市，想在低点换房或再入市投资，而手里的房又盼涨，就算是账面财富积累也是投资成功的体现。卡眉的心态或许代表了当下多数投资人的心理，无论如何，如果楼市进入不景气周期，也意味着经济、投资的增速放缓，意味着财富积累慢下来。

一线城市房价"短空长多"

2009年这一轮房地产调控以来，一系列政策、行情行至2012年，调控效果已经显现，不过，"让房价回归理性"的房地产修正像是"温水煮青蛙"，会走得漫长且缓慢，在过去几年这波房地产上涨中赚到钱的大型开发商口袋很深，估计仍有粮草撑得下去。而那些近两三年才进场买地动工的开发商，因购地成本已经很高，在如今的清冷市场上，又没有办法如预期那样高价开盘转嫁成本，最后可能因没有余粮过冬，或新建房不能如期完工，或开发商以倒闭收场，总之，此时购买预售房有很大风险，无论自住还是投资，购房者都最好避开。

对于购买二手房，同一地段相同房型，甚至同一小区里的房，由于房东购入持有的成本不一，对获利的预期幅度也不尽相同，当股市持续低迷、经济不景气持续，就很有可能遇到负债比过高、手上现金周转不灵的投资客，急需房子脱手换现金入袋。因此，大可利用房价修正之前的这段时间，勤扫楼勤看房，锁定目标房源，等房价真正进入跌势，就有机会为选中的房议到一个好价钱。

不过，以上海中心区徐家汇板块为例来看，调控以来的跌幅仍然很有限，仅是买卖胶着，成交量萎缩，并未出现全面性的降价。但也因为中心区投资客占比不低，尚有看淡后市、获利离场的投资客，加上限购延续、房贷资源紧缺，有资格买房者"缩水"，有能力接盘者有限，房市转折点或许就在拐角处。

"那要等到什么时候进场呢？"慧妮按捺不住却又无法判断出手买房的时机。"如果是为了投资或资产配置，等到房地产市场一片凄风苦雨，开发商哀鸿遍野，小开发商开始倒闭的时候，那时进场都不迟。"阿杜颇有把握地说。不过，市场上还是有着强烈的刚性需求、有自住需求又无法等待的人，最好还是"先求有再求好"，自住者筹备足够的购房款、规划好每月房贷偿还能力后，随时都可以买房。如果是自住，还是那句话，越早买房越好。

"你啊，趁年轻，要尽早在房市卡位。"卡眉语重心长地对慧妮说。

蜗牛的"三宅一生"

购房年数=房价÷家庭平均年收入。按此公式，如果购买上海徐家汇100平方米的二手房，单价4万块，以卡眉目前的收入情况，要27年不吃不喝才买得起（400万÷15万=27年）。这只是一个粗略的计算，但反过来想想，为什么要节衣缩食住在徐家汇、淮海路、浦江边上呢？

台湾年轻人如今提倡"三宅一生"计划，即第一次购房以郊区小房上手，等赚了钱再换到市区，退休后再搬到适合养老的地方居住。不要将购房负担一下子压到年轻的人生之上，这或许值得我们借鉴。

不过，别以为只要有钱买到房子，随随便便买就能大赚，买错房子和买错股票命运相同。选对地段选对房才能赚到增值财富，在房地产市场上，"强者恒强，弱者恒弱"。这也是为什么当房价上涨，强势板块虽然房价高挂却永不缺席涨价，而当房价下跌，又总是从弱势板块跌起，强势板块却能"日久弥坚"。当然，并不是说强势板块一定就是核心区、钻石地段，每个区域都有好地段与好房子，所以要学会选房，勤对比勤做功课，才能挑到具备增值能力的好房，稳步积累你的财富。

05

职场小女子的股市传奇

○ 与股票的第一次亲密接触 ○

股市的魔力

2012年4月，一个周末的傍晚，卡眉准时下班，约好和阿杜她们享受周末的愉悦时光。走过人民广场，空气中弥漫着白玉兰淡淡的花香，工作后的周末，人流依旧匆匆，不同的是，每个人脸上都洋溢着轻快的表情。周末时光就从这里开始了，想着想着，卡眉脚步也轻快了起来。

夕阳下，一幢古建筑前，人头攒动，恍惚间，卡眉好像回到了6年前——同样一个周末的傍晚，自己在上海博物馆泡了大半天，把青铜器、青花瓷、古代字画、明清家具看了个遍，直到闭馆才恋恋不舍地出来。吸收完传统文化精髓，卡眉准备去参加教堂的青年聚会。走过人民广场，她看到一幢老房子前围了好多人，一堆一簇的人群，慷慨激昂地貌似议论着什么。

"我啥时候买的三一重工？就是股改登记日那天——去年（2005年）6月15日！23块买的，相当于现在的8块，最低跌到过5块4，跌掉30%多，跌得我心痛啊！但是我拼命屏住，股改第一股要把人套死了，股改还改啥改？这不，现在到9块多了！"一个中年男十分激动，被一圈人紧紧围在当中，指天画地。

一个老太上前拽着中年男的胳膊，同样激动，连珠炮般发问："你怎么能守得牢呢？三一你看能到几块呢？你觉得大盘还会上去吗？"

"三一今年绝对能到20块！"中年男语气坚定，周围发出一片惊呼。"股改第一股要是没有这样的涨幅，股市怎么起得来？"中年男的声音穿透人群。

"那你是看大盘要大涨喽？这轮反弹你看到多少点啊？"人群中传出问话。

"什么反弹？这是反转！这是我们一辈子能碰到的最好的股市发财机会！"中年男再次激动。

卡眉终于听明白了，这是一群股民！

这也太壮观了吧？卡眉有点小激动。这里，堂堂市中心，居然聚集了黑压压大概几百人热烈讨论，空气中早已没有了玉兰花香，也看不到人们惬意的表情。这也是周末聚会的一种，人群的外围还设着几个摊点，摆着股市分析小册子，生意都还挺红火。

圈子里，有人手里捧着笔记本电脑，刚一开口讲解，就被迅速围个水泄不通。

贵州茅台、万科、深发展，一个个在卡眉听来陌生的名字被反复提起；MACD、KDJ、K线①，一个个听不懂的名词被虔诚地挂在嘴边。

到处都是激动的人们。

---

①MACD (Moving Average Convergence and Divergence，指数平滑异同移动平均线)是一项利用短期（常用是12日）移动平均线与长期（常用为26日）移动平均线之间的聚合与分离状况，对买进、卖出时机作出研制的技术指标。KDJ（随机指数）通过当日或最近几时最高价、最低价及收盘价等价格波动的波幅，反映价格趋势的强弱。K线是将各种股票每日、每周、每月的开盘价、收盘价、最高价、最低价等涨跌变化情况用图形方式表现出来。——编者注

卡眉忽然觉得，好像人人都在股市里赚到了钱，更为重要的是——人人都对在不久的将来赚到大钱信心满满。

这是在2006年，距今6年前。

股市初恋——懵懂闯入

要不是赶时间聚会，卡眉真想再多围观会儿。不过，她整晚都在感慨股票的魔力。

"这是我们一辈子能碰到的最好的股市发财机会！"这句话印在了卡眉脑中。

卡眉可是完全不懂股票，更别提"正眼"关注了。在她的印象里，股市好像总是愁云惨淡，她还听人说，股市，是个吃人不吐骨头的散户绞肉机！

可是，在这个春天，为什么那么多人信誓旦旦地说，股市的春天终于到来了呢？

回到家，卡眉有些兴奋，泡杯咖啡，决定研究一下股市。

上网研究了一番之后，卡眉弄明白了，原来，中国的股票市场迎来了前所未有的历史性大事件——股改！

股改全称股权分置改革，目的是使上市公司的国有股、法人股与普通股同股同权。什么是同股同权？股改怎么改？改多久？所有上市公司同时改？卡眉没能一下子完全搞明白，也不可能一口气消化，但她看清楚了一点，那就是，股改几乎被所有舆论称作是解决中国股市根本矛盾之举，是中国股市走到悬崖边上作出的自救举动！

股改更是被股民们寄予了厚望！

　　而自从股改推出之后，中国股市也颇为争气，从2005年6月6日的最低998点，到2006年4月，不到10个月时间，已经涨到了1300多点，一批股票都作出了翻番的表现。

　　It is enough! 卡眉兴奋过后，跳出念头想要入市试一试。如果这真的是我们一辈子所能遇到的最好的股市机会，那她一定不能错过。有什么事是卡眉甘愿错过的呢？

　　那个春风得意的4月的傍晚，就这样戏剧性地改变了卡眉此后几年的闲暇生活，当然最重要的是，开启了她的股票投资"生涯"。

　　卡眉是个执行力超强的人，遇事不拖拉。转过周末，星期一一早，她就去附近的证券营业部办好了手续，将2万元银行存款打进证券投资账户，回来再下载完毕交易软件，万事俱备，只等一键敲定——买入！

　　卡眉停住了，买入什么股票呢？以什么价格买入呢？

　　况且，现在入场真的是千载难逢的好时机吗？

　　卡眉想到应该征求一下爸妈的意见，毕竟他们业余炒股也有些年头了，谁知两人坚决反对。"股市的水有多深你知道吗？""股市还能涨多久？涨多少？谁知道？""你有时间盯着盘面操作吗？""还是专心工作吧。"爸妈轮番打击之后，卡眉有点心灰意冷。

　　她又打了个电话给阿杜，希望获取点正面能量，果然，阿杜的反应要冷静和正面得多。"少投点钱，试试呗。"阿杜首先肯定了卡眉的投资决心，但她提醒卡眉，对股市完全陌生可是大忌，懵懵懂懂闯进资本市场，开始时恐怕要吃点苦头、交点学费的。阿杜建议卡眉多研究研究，再观察观察，可以先做做模拟盘。

　　卡眉觉得这个主意不错。

　　股市初恋，就好像风华正茂的年龄遇到了风华正茂的爱情。

不追高买入

到了2006年5月，做了一个多月的模拟盘，卡眉做不下去了。

眼看着大盘指数从模拟时的1300多点涨到了1600多点，特别是五一长假之后，大盘强劲上升，短短几天上涨200多点。而卡眉模拟买入的三一重工，也从8元多最高摸到了11元多。"要是4月时果断入市，我都赚了万把块了。"卡眉觉得有点可惜。

更有甚者，2006年2月23日停牌的贵州茅台，4月17日复牌后，到4月25日再次停牌的短短7个交易日，股价从62.27元涨到了93.2元，7天涨幅49.67%！卡眉快要忍不住了。

5月16日，卡眉抱着时不我待的奋勇心情，投下了股市人生的第一单：在10.7元的价位，买入1800股三一重工。

结果，当天，卡眉就遭遇了沉重打击！三一重工买入价几乎是当天最高价，最后居然以9.94元跌停报收，当日损失就超过了7%！

出师不利，没尝到甜头，卡眉稍许郁闷，不过天性乐观的她并不太以为然。"开始时总是要吃点苦头的，还要交点学费。"阿杜也是这么说的。

可怕的是，在接下来的几天中，三一重工最低跌到了8.7元，损失扩大到了18%！卡眉开始觉得入市"生不逢时"，她怀念做模拟盘时的轻松，怎么一来真的就跌了？大盘此前不是气势如虹吗？难道不会涨上去了吗？

卡眉忍不住向爸妈汇报了出师不利的消息。"股市就是这个样子的，大涨之后就会有回档，所以追高是很危险的。不过，现在行情好，等等再动吧。"对于卡眉的操作，爸妈一点也不意外。

姜果然还是老的辣。

果不其然，三一重工在随后的三天很快就收复了失地，并在盘横几天后，一举向上突破，7月5日创下了15.35元的反弹新高。

这天，卡眉在自己的股市日记里端端正正写下了第一条股市教训：不追高买入。

三脚猫的技术分析靠不住

回想起来，2006年整个6月，卡眉都是乐滋滋的，手中的三一重工跟着大盘节节攀高，7月5日上证指数到达1757.47点时，三一重工也创出了15.35元的高点。微微算一下，卡眉已经赚了快50%啦。卡眉可没想过落袋为安的事，"三一会一路涨上去的"，她牢牢记着中年男"今年肯定会到20块"的预言。

然而，好事停滞不前了，接下来的两个月里，三一重工的股价在11元多到14元之间徘徊，上证指数也在1700点之下裹足不前，市场上，"股票在做双头"的声音逐渐响亮。

卡眉倒也淡定，她会常常跑去人民广场的股市沙龙——她入市启蒙的地方，不过，卡眉发现这里的激昂情绪大不如前，每每听到"大盘涨了70%"，言下之意，恐怕要谨慎了。卡眉爸妈也是建议她见好就收，"万一跌下来，被套住了不好受"。

趁着大盘平稳，卡眉开始研究起了各种听不懂的技术指标，MACD、KDJ、RSI①，还有布林通道②，股市沙龙里的人说起技术

①RSI(Relative Strength Index，相对强弱指标)，以数字计算的方法求出买卖双方的力量对比。——编者注

②布林通道是根据统计学中标准差的原理设计出来的一种非常实用的技术指标，由三条轨道线组成，上下两条线可以看成价格的压力线和支撑线，在两条线之间是价格平均线。——编者注

指标的功用来，神乎其神，似乎研究透了这些个指标，就能做股神。学习这件事，对卡眉来说自然不在话下，先是买来各位"股神"推荐的宝典：《蜡烛图精解》、《股市钱规则》、《选股其实很简单》、《证券混沌操作法》、《抄底逃顶不再难》、《炒股怎能不懂波段？》……埋头苦读的结果是，卡眉读了个云里雾里。再找来市面上热销的股票投资指南，卡眉看着热闹，但还是似懂非懂。

到了9月14日这天，刚刚有点起色的三一重工又不行了，开始一路下泄。卡眉以三脚猫的功夫研究了一下，发现以技术指标而言，三一重工股价向下击穿了生命线60天均线，KDJ向下发散，RSI也向下出现背离，真是糟透了！卡眉一咬牙，在12.9元抛出，减去手续费成本，2万元投入，赚了3000多元。卡眉也算旗开得胜，这可是她入市第一股，用时4个月。

然而，到了2006年9月28日，三一重工一根涨停大阳线突破了前期高点，报收于15.59元。卡眉，追悔莫及。

又该卡眉总结经验教训了。

于是，在卡眉的股市日记上诞生了第二条和第三条教训：在股市上升通道中，持有要有耐心，不随意抛出；三脚猫的技术分析是靠不住的。

○ 那些年，我们一起追的股市 ○

看懂技术分析就能赚钱了吗？

4个月技术分析学习下来，卡眉认识到，技术分析有它的道理，因为，经济的任何风云变幻、人们的心理波动都会在股市走势上表现出来，而股市走势有其一定的规律。而江恩、艾略特这样的技术派大家，确实把握住了相当的规律，熟练掌握了技术分析，对于少犯错误、多赚钱，无疑是如虎添翼的事。

但是，在卡眉的层次看来，技术分析是那么的博大精深，似乎很难掌握精透。比如波浪理论，这个浪到底该怎么数？是一浪三，还是第三浪？由此得出的结论对于操作的指导性意见迥异，盈亏就在数浪之间。因此，掌握一些基本的技术分析方法作为操作参考，是很有必要的，但更重要的是，不可孤注一掷，笃信一家之言，各家学说、众多指标，在分析当下情况时，能够做个相互印证最好，准确度也能更高。

"K线有用"，可是看懂技术分析就能赚钱了吗？

技术分析的方法和指标的运用，能入化境是不容易的，非得有刻苦钻研的精神、股市涨跌轮回的磨砺，还要有相当的悟性，经过了时间的磨炼之后，才能让技术分析为我所用。在此之前，如果一切以自我的技术研究为准，不肯向市场认错，没有勇气纠错，K线也会害人。

牛市铁律：买定离场

2006年十一长假后，卡眉度假归来，她特意来到人民广场，一个似乎熟悉的声音响起："三一肯定能到30元！"卡眉走上前，果然又是那个中年男。

30元？那不是还有100%的上涨空间？不可能吧？卡眉回来又心动了。本来嘛，上次赚得不过瘾，正不甘心呢。

10月9日，卡眉在16.8元的价位将三一重工吃了回来，这回她的本金只够买1400股了。卡眉暗下决心：不到30元绝不卖出！

股市好像听到了卡眉的誓言，此后一路高歌猛进：10月24日攻破1800点，11月10日攻破1900点，11月20日攻破2000点，到了12月14日，更是一举创出2250点的历史新高，到了2006年的最后一个交易日，大盘稳稳站上了2600点高地。

卡眉终于对股市有那么点感觉了。

三一重工表现也不落后，12月29日收盘时，股价已是32.23元，早已闯过30元大关，卡眉第二次投入的盈利接近翻番，这回，她仍然耐心持有，并没有选择获利卖出。"不到30块绝不卖出"的决心犹在心头，中年男已经喊出了2007年三一重工看到50元的声音。因为，到了那时，几乎所有人对于牛市的确立已经没有异议。

进入2007年，股市似乎真的进入了全民炒股的疯狂牛市，买什么都涨，股票轮流涨。阿杜记得，那段时间，每天的工作餐就是整个团队一起聚餐，人人都是发起人，买单的名额不限，候选的是当天持有股票涨停的人。令人激动的是，居然每天都能聚，每天都有人买单，还居然有人连续买单！

好不火爆的股市行情！

和阿杜她们聚会的时候，卡眉总是痴痴地笑着，连她这样的菜鸟都被喊成了"菜鸟股神"！慧妮也按捺不住了："我要跟着卡眉姐姐炒股，带上我！"

"好啊。"卡眉爽快地答应道。

2007年2月5日，拿到了年终红包的卡眉，没去添置新品，没给自己任何犒赏，而是往股市账户中追加了2万元，并逢低又买入了600股三一重工，她的股票账户里就拥有2000股三一了。刚一拿到年终奖的慧妮，转身就开设了股票账户，入市1万元，跟着卡眉买入了三一重工。

事实上，鉴于大盘势如破竹般的攻势，卡眉已经习惯于不怎么去看盘了。她的股市日记里也有了一条经验总结：当牛市来临，最好的操作就是——买定离场。

设定止损

2007年的春节真是一个欢乐祥和的春节，对于大多数股民家庭而言，都是如此。卡眉见到的亲戚们、朋友们，几乎都在谈论着股市的话题，无论是解套的、赚钱的，还是蠢蠢欲动准备入市的，充满笑容的脸上洋溢着真正的快乐。

"我的深发展终于解套了！1999年20块买的，套了整整八年，八年抗战啊。"

"去年？我靠茅台就赚了3倍，但如果我拿到现在，你猜我能赚几倍？8倍！可惜啊，没拿住。"

卡眉爸妈手里的股票大部分也都解套开始赚钱了，深发展、四川美丰、一汽轿车，除了四川长虹这一只，总体盈利有30%了，也不枉这几年对股市的苦守。

要说这不争气的四川长虹，是卡眉爸妈1997年刚进股市时买入，那时，四川长虹可是风光得很。"就听别人说四川长虹最好，一看它每天都在涨，就不管不顾地买了。50块买的，涨到60多块没跑，后来，就一路套到现在，最低的时候只有3块钱！"卡眉"有幸"分享了爸妈炒股的血泪史，而就算到了2007年春节前牛市确立，四川长虹股价也只有区区6元钱。

图5-1　四川长虹（600839.SH）K线走势

（2002.08.26—2012.08.24）

看着这只"阴魂不散"的股票，卡眉决心帮爸妈走出阴霾。她先是分析了爸妈的操作特性：买了股捂着，亏了钱不肯抛。他们对影响股票市场的信息并不敏感，获取信息的途径也有限，对上市公司个股的情况少有研究，他们买入某只股票的理由往往是"大家都说那只股好"。他们也有自己的操作优势，不会被一般的股市操盘伎俩迷惑，大户、机构在那儿震仓、洗盘、清理散户，他们就当什么都没发生。但他们很难躲避系统性风险，以及个股行业衰弱的趋势性风险。

接着，卡眉仔细研究了一下四川长虹这只股票，她发现，爸妈如果坚持"不赚不抛"的理念，恐怕这辈子都得拿着它了。

理由是，首先，买入的价位太高，50元钱的股价仅在1997年出现过，当年，炒作四川长虹的庄家借着其超高的业绩，把四川长虹作为了优质蓝筹股的旗帜疯狂拉升，即使在当年，50元的股价也远远超出其合理估值，处于被盲目做大的这面旗帜的顶端。如今，四五元的现价，怎么赚得回来50元的成本？！

其次，四川长虹所从事的彩电生产行业正在变成夕阳行业，竞争白热，相关企业不得不压价竞争，使得企业利润越来越受到挤压，似乎很难再有所作为。而当投资者看清了这一点，越来越多的人选择了撤离。所以，可怕的是，爸妈坚守的那面旗帜，插在了一个越来越少人光顾的山头上。

卡眉将自己的研究成果报告给爸妈，建议他们撤离、换股。然而，意料之中，不予采纳。

四川长虹的血泪史，让卡眉认识到设定止损的重要：当入市之初，应该满怀赚钱的自信，但也要做好亏钱的准备。这个准备不是简单的心理建设，而是应该思考清楚：你可以承受的最大损失是多少，10%？20%？30%？还是一半？投资不能打无准备之仗，入场时就须设定止损，这是保存实力的需要。

这是卡眉股市日记中的又一条教训：必须设定止损——由爸妈提供。

贸然割肉的代价

话说小富二代慧妮吵着要卡眉带她炒股，2007年新年一过，也跟着卡眉做起了三一重工。可是没多久，卡眉开始后悔带着慧妮做股票了。

自从买入三一重工后，慧妮每晚必有一个电话打过来，和卡眉"深入"探讨股票。所谓探讨，其实主要是探讨要不要卖，什么时候"出货"。慧妮可是33元买入三一重工，卡眉告诉她要耐心持有，不必心急"出货"。农历新年前后，三一股价基本在36~38元盘整，最后一个交易日，三一重工以涨停价收在了41.07元。卡眉的"英明"让慧妮崇拜不已，在真正的股市菜鸟心里，卡眉已经站稳脚跟，完全树立了自己的股神形象。

然而，新年一转，风云突变。2月26日，农历新年过后开市第一天，三一重工当日下跌4.7%，报收39.14元，慧妮急得哇哇叫："怎么回事，怎么回事，第一天就跌成这样，开盘不利啊。""大盘不是好好的吗？这个庄家在搞什么？""还会不会跌啊，会不会跌回成本啦？"卡眉都快招架不住她了。

慧妮还向卡眉交代，看股票涨得不错，她在年前追加了2万元资金，后面500股是37.5元买入的，所以成本现在是35.9元了，照这样下去，再跌2日就到成本了。

第二天，下午2点，卡眉正忙着赶一个企划方案，慧妮的电话打过来。"你没在上班吗？"卡眉奇怪这个点应是工作最繁忙的时候。"卡眉姐，你在看盘吗？"慧妮的声调把卡眉吓了一跳："没看，出什么事了？""啊，你还不知道？大事不好啦，大盘跌了7%了，200多点了，大崩盘，我们的三一快跌停了，我已经被套住了，要不要割肉出来啊？"

对着慧妮快要哭出来的声音，卡眉只能先安抚。没搞清楚大盘下跌的原因，也不知道三一走低的理由，卡眉让她今天先看看再说，别贸然割肉，有可能中了庄家的计，被洗盘出局。

到了晚上，慧妮的炒股电话持续了两个多小时，和祥林嫂一样，翻来覆去算计着自己已经亏了多少，说明天再跌说什么都要割肉了，"别拦着我"，说老股民说的，千万不能给套住，套住了还不知道什么时候解套呢。卡眉以自己刚入市时的教训劝她再看看，慧妮完全听不进去。

第三天，刚一收盘，卡眉电话就响了，果然是慧妮："哎，今天真是倒霉，三一果然开盘就大跌，最低被砸到了31.8元，我还是趁着反弹，33.2元赶紧出来了，谁知，下午它就窜到36.2元了，真是悔死我了，买不回来了……"卡眉不知说什么好，吃点苦头，交点学费的事，她都经历过，这是入市的必经之路。

"卡眉姐你该拦着我的嘛。"

"说了牛市里，买定离场嘛，说了你也不听。"

○ 适当保持距离 ○

不买就难受

后来，让卡眉目瞪口呆的是，慧妮从此走上了一条奇特的炒股之路：借着阿杜在财经媒体工作的信息便利，慧妮跟在这位好姐姐身后结识了一批"业内人士"。不久，慧妮那儿竟彻底成了各种小道消息的集散中心。什么证监会要批什么了，什么股票主力第二天要拉升了，什么股票即将有重大利好了，言之凿凿，好像自己是证监会的机要秘书，又像是戈登（电影《华尔街》中的股市大佬）的中国密友，一切说来都有鼻子有眼，每天晚上，高密度地"轰炸"卡眉。

从此，慧妮在操作上确立了另一种风格：每过三四天就要换一次股，驰宏锌诸、深宝安、深天地、广汇股份，各种股票走马灯一样从她的账户中流过，像买新衣服一样，"不买就难受"。

好在，股市争气，2007年上半年，大牛市行情确立之后，连垃圾股都闻风而动、异常活跃，黑马乱跳，给予慧妮无限的遐想空间。指数扶摇直上，各路股票庄家争相拉抬，也经常能听到慧妮报告赚到了钱，有时甚至还收获涨停，有时也能幸运地躲过大跌。

卡眉则不为所动，依然坚守三一重工，毅力可嘉。有一阵子，卡眉还受到慧妮的反教育："卡眉姐，你的三一3月8日到过45块，现在都4月5日了，它还在43块多，你还不卖啊，你真沉得住气。""换换股吧，三一涨得够多了，现在轮到低价股涨了！""你知道我这个月炒低价股赚了多少吗？30%呢！"

卡眉觉得真该给这小妮子上上课了。

小道消息的价值

在牛市行情里，很多风险被掩盖了，头脑被狂欢冲昏，以慧妮的操作手法，靠消息炒股，应列为最不可取的"头条"。

所谓"消息"，其实就是利用信息不对称，在利好消息公布之前，从非正规渠道获得消息，提前布局买入股票，"静候"上涨；另一方面，就是在利空消息公布之前，提前卖掉手中相关股票，减少损失。毫无疑问，小道消息有着巨大的诱惑，会产生盲目崇拜，特别是像慧妮这样的"新人"，对宏观经济形势判断不准，对上市公司基本面研究不够，对市场也欠缺敏感，很容易就依赖上小道消息。要知道，收益和风险永远成正比。朋友可以把准确的消息传给你，送上赚钱机会，庄家也可以通过某种渠道，把错误的消息传播开来，欺骗小道消息的热衷者入场或出局。

其实，小道消息，炒股的人或多或少应该都听到过，可是准确率有多少？利用率有多少？很多时候，消息正确，可最后还是亏了？为什么？

"那我还听不听小道消息呢？"慧妮一脸疑惑。

小道消息到底有没有利用价值？该怎么利用，才能风险收益比最大？利用小道消息，首先，要对消息渠道进行判断，消息来源是否可靠可信。其次，要对你听到的消息进行甄别，消息真实性的可能性有多大。这就需要你运用自己的知识、常识、分析能力，作出消息合理性的判断；最后，判断风险，如果消息不准确，投资失败，损失是不是在你可以承受的范围内，所谓愿赌服输，你是不是可以承担后果。

总之，小道消息不是不可以用，只是不能拿来就用。炒股，看起来好像很简单，看看盘，敲敲键盘，不费什么力气就能完成交易，其实它是一件很复杂的事情。想要取得好的收益，需要对宏观经济政策形势、上市公司基本面及技术面作出全面的分析和观察。靠消息赌一把，收获的风险可能会大于你的收益。

算算给股市打工的账

自从慧妮确立了"不买就难受"的操作风格之后，眼看着各种股票从她的账户中流进流出，卡眉终于看不下去了，要为慧妮算一笔账，算算她为券商打工效力几何。

通常，股票交易费用包括佣金、印花税、过户费以及其他费用。以慧妮当初交易三一重工股票为例，她在33元买入300股，之后，又在37.5元买入500股，总计拥有800股三一重工，平均股价成本35.81元。而慧妮是在33.2元的价格将800股全部卖出，按照2007年的股票交易收费标准，买卖一只股票的交易费用约占成交金额的1%，因此，两买一卖三一重工的交易费用总计为573元。慧妮当时是以每股损失2.61元卖出的股票，800股总共损失2088元，加上573元的交易费用投入，"一举"将慧妮的股市处女秀损失推高至2661元，交易费用占到了股票损失的21.5%。

如果说，起初慧妮的股票交易是"小打小闹"，不值一提，那么再举例算个账，以鉴证快进快出的交易成本到底有多么触目。假设，当初慧妮投入的不是3万元，而是10万元本金，每天进出一次，就产生20万元交易量。如果慧妮每个月这样操作10次，那么每个月就产生200万元交易量，一年就是2400万元交易量。一个人一年就可以做到2400万元的交易量！如果佣金是3‰，那么一年的交易佣金就是7.2万元，按照目前的印花税单边收取1‰，这一年的印花税就是2.4万元，两者作为交易费用的大头，总计9.6万元，而慧妮的本金投入不过10万元！就是说，慧妮至少要赚9.6万元，才能保证不亏本，相当于，盈利96%，才算不亏钱！而这还没有将过户费以及其他交易费用等计算进来。

忙进忙出，券商拿走了大部分"剩余价值"，原来你是在为证券公司打工。

"可是看盘的时候，总是手痒。"慧妮觉得委屈，盯着股票的时候，总会有冲动，不是想买点就是想卖点，或者想换点。

其实，快进快出，并不是件简单的事，越是短线，越需要高超的技术和对盘面的敏感。和股市保持适当的距离有助于你冷静地赚钱。

股市的吸金效应

进入2007年4月中旬，慧妮终于不怎么来烦卡眉了，她独自"出山"了。卡眉的三一重工在10送10分配方案实施之前拼命发飙，一鼓作气，从4月6日的42元涨到了4月18日的70.8元！除权之后稍作休整，又开始了强势填权行情。到了10月份，最高达到了68元，相当于复权后的136元！与卡眉的成本价20元相比，大赚500%还多，她拥有的股票市值达到了26万元！连卡眉自己都不敢相信，4万块本金投入，不到一年半时间，变成了26万元！

人民广场的中年男又"指示"了三一重工新的前进目标：进入百元股行列！——其实复权后那可是200元啊！卡眉一算，三一真到100元时，她不就拥有40万元了。

此时，慧妮也忙着呢，快乐着呢。这期间，上证指数从年初的3000点之下，10月16日昂然挺进到了最高点6124.04点，市场一片欢腾，不，应该说是沸腾，这是一场巨大的弥漫全国的狂欢！

在庞大的赚钱效应的激励下，一批接一批新股民源源不断地进入股市，就连过去忙于实业无暇他顾的慧妮爸妈也"勇敢"入市了。"两人半年时间赚了个翻倍，说比做实业利润高多了，来钱还快，连呼过瘾。"

"你们觉得，我辞职去专业炒股怎么样？"慧妮忽然语出惊人。

在这场牛市盛宴中，确实有人股票做得不错，干脆辞了职，奔职业股民而去，可慧妮做股票才哪儿到哪儿啊。"你今年赚了多少？"阿杜问她。

"赚了3万块吧，还没变现呢，但你们要知道，我的本钱可是只有4万块而已。"慧妮扭捏中还是难掩小小得意。

"你家卡眉姐从1赚到了5，4万块摇身变成了22万块，都没说要专职去炒，你还嫌给证券公司打工打得不够多？"

慧妮有些讪讪地说："卡眉姐是股神来着，而且是长线持股，都不太看盘的。哪像我，要整天盯着！"

阿杜盯着秋日午后的窗外光影出了会儿神，忽然问："你们说，我们从股市赚了这么多钱，都是赚的谁的钱？"阿杜在5月份也忍不住入市了。

一下大家都答不出来。

卡眉突然想到有一次，一个老股民忧心地跟她说，这种大众狂欢的场景，在他的股市记忆里，是不祥之兆。卡眉并没放在心上，美国股市走牛二三十年了，中国股市为什么就火不上两三年？中国经济高速运转那么多年了，可在2006年之前，股市一直振作不起来，跟实际的经济发展是脱节的。

"股市不火，不应该。"卡眉信念笃定。

股市赚来的钱是谁的钱？

回到阿杜的提问：我们从股市赚的钱，都是赚的谁的钱？

打个比方，股市就好像一个大游泳池，泳池壁上刻有不同刻度，相当于股票指数。而泳池的进水管和出水管，分别相当于股市的注水和放水通道，其中一根进水管是上市公司的盈利能力，主要表现为现金分红，另一根进水管则是基金、机构、新股民入市带来的资金投入；出水管也有两根，一根是股票交易费用，包括各种税费及佣金，另一根出水管则是离场的机构、股民带出的资金。

很明显，第一根进水管——上市公司盈利能力，相对而言很细小，但却比较稳定，这就是所谓的公司基本面，很多长期投资者靠的就是它，因为长期来看，分红回报总能积少成多，重点是几乎没有风险。但短期来看，这根水管实在太细小了。

另一根进水管是进入股市的新资金，这就是造就牛市的直接原因。乐观的时候，这根进水管波涛汹涌、源源不断，悲观的时候，却可能一滴水都没有。而控制这根水管最主要的因素就是市场的信心，而一旦这根最大的进水管断水，虽说指数不一定就此下跌，但基本已经不会再涨了。其原因在于，牛市和传销非常类似，上家吃下家，下家要能找到新的下家才能获利。"股票永远不会高到你不能买，只要你确信还有下家，那就尽管买。"

万一实在找不到新下家了，整个系统也就面临崩盘。连擦鞋小孩都通过股票交易赚了钱，第二根进水管恐怕再也流不进一滴水，出水管就派上用场了。

第一根出水管——股票交易费用，是固定存在的交易成本，流向国家财政和证券公司口袋，牛市里自然也是数额可观。第二根出水管也简单，它是获利资金流出的通道，把账面的资金变成股民口袋里的真金白银，落袋为安的股民带走的钱就是第二根进水管流进的钱。

○ 三十年河东，三十年河西 ○

次贷危机跟A股有什么关系？

其实，2007年以来，世界资本市场上空，一直有一个阴影徘徊，那就是美国的次贷危机。全球市场的被拖累，都是源于后来一发而不可收的次贷危机爆发。

卡眉研究过次贷危机，大致也算搞明白了：那是美国的贷款机构以一些欺骗或自欺欺人的手法鼓动穷人买房，比如零首付，比如还贷开始几年利率极低，比如通过房产增值获得再贷款，等等，但其实到了后面按公式计算穷人根本还不起。总之，过去不可能买房的穷人纷纷购房，使得房价一路暴涨，内在需求的难以为继被掩盖。

盛宴总有散时。当房价碰到天花板，没人接盘房价涨不上去了，过去被遮掩着的还贷问题就逐渐暴露。当房价开始下跌，购房的穷人还不上贷款，面临断供的困境，贷款机构便深陷其中。而这还并不可怕，更为严重的是，美国的金融机构利欲熏心，贪婪无度的华尔街把这些不良贷款打包包装成优质贷款，做成债券出售，加上CDS①市场上的对赌杠杆被无限放大，一场金融业的大崩盘正在美国积蓄力量。

2007年7月，国际三大评级公司下调了美国1000多只按揭贷款抵押债券评级，不断有抵押贷款公司停业、倒闭的消息公布，更有涉足抵押贷款业务的金融机构曝出亏损累累。8月3日，贝尔斯登宣布暂停赎回3只按揭贷款对冲基金；8月16日，道指道琼斯一度暴跌343点。8月3日到16日，市场的恐慌情绪持续了近两个星期，在美联储的救助下逐渐恢复平静，由于发达国家央行纷纷介入金融市场，投资者信心得到鼓舞，纽约股市大涨小回一路攀升，道指在10月9日创出14198点的历史新高。而随着花旗、美林等华尔街巨头相继公布亏损的财报，10月下旬开始，纽约股市又开始再次下探。

卡眉不以为然，就算美国股市进入调整，跟中国股市有多大关系呢？美国的金融业在次贷上巨亏，但中国的金融机构投资美国次贷的没有多少，有什么损失呢？

市场似乎也和卡眉想的一样，上证指数从6000多点跌破5000点，很快又收上5000点，做了个双底之后，又开始上攻之路。事实上，很多人都在憧憬着2008年的中国奥运之年，上证指数能冲上万点大关！

卡眉有着同样的憧憬，当大盘万点时，三一重工完全有可能晋升百元股！于是，2008年1月时，她毅然追加4万元进入股市，以52元的价格买入800股三一重工，这样，账户里一共拥有4800股三一重工，卡眉算计着，等涨到100元，就有48万元！

她默默祈祷着2008年好运。

①CDS（Credit Default Swap，信贷违约掉期），一种价格浮动的可交易的保单，该保单对贷款风险予以担保。——编者注

止盈出局

2008年农历新年一过，卡眉定下心来开始关注股票的时候，发现情况很糟糕。

到了2月，一系列数据显示，美国经济已经大幅放缓，衰退几率上升，全球股市跌声一片，美联储2000亿美元强心剂注入之后，美国股市勉强出现了一天反弹，随后，道指跌破12000点大关。

A股能够幸免于难吗？卡眉祈祷。

然而，上证指数延续了年前的疲弱状态，又下了一个台阶，从4500点一线跌到了3500点一线，而三一重工也跟着跌到了33元附近。要不要卖出？卡眉全部的4800股三一重工综合成本不到17元，现在卖出，还有着近1倍的盈利。可是最后4万块800股是在52块买入的，就这样割肉了？考虑再三，卡眉在33.5元卖出了一半2400股，先收回本金8万元，另外2400股，她怎么都不舍得卖。

4月，卡眉又坐了一回过山车，三一重工在上证指数反弹时，出现强烈反抽，股价最高冲破46元，卡眉本想清仓了断，最终还是被幻想和贪婪左右，没有行动，错过了最后一次获利离场的时机。

随后的世界，一片惨淡。7月，道指跌破了11000点大关；上证指数在2800~2900点徘徊，当7月29日，股指再次掉头向下时，卡眉终于下定决心彻底清仓，临走之前，三一重工在7月还有一次10送5的送股，最终卡眉在22元清仓3600股，盈利近8万元。此后，三一重工在10月30日最低跌到了10.8元。

卡眉把自己清仓的消息告诉了慧妮，慧妮在亏损50%之后，愤然离场。

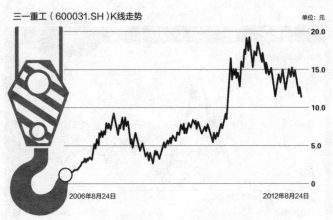

三一重工（600031.SH）K线走势　　　　　　　单位：元

2006年8月24日　　　　　　　　　　2012年8月24日

图5-2　三一重工（600031.SH）K线走势

（2006.08.24—2012.08.24）

大结局：股市犹可为，入市需谨慎

至此，卡眉她们几个从股市全部撤出。

此后，雷曼兄弟控股公司9月15日宣布破产，当日雷曼股价暴跌94%至每股0.21美元，标志着次贷危机演变为全球金融危机。全球主要金融机构开始清算与雷曼兄弟的信用风险敞口，世界各国资本市场股价继续崩塌，上证指数最低跌到了1664.93的低点。

随着各国救市政策的出台，中国政府在2008年11月9日宣布了4万亿投资计划，当日，美国三大股指受此利好刺激大幅高开，A股市场也像吃了兴奋剂一样。到了2009年8月，上证指数比最低点实现翻番，到达3400点上方，许多个股从2008年11月的低点算起，也有了翻几番的获利。

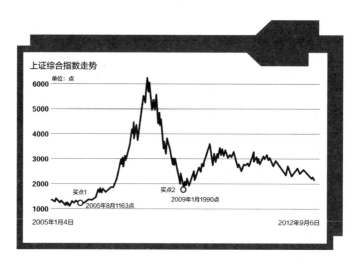

图5-3　上证综合指数走势

（2005.01.04—2012.09.06）

　　卡眉此时却没有再入市。她觉得自己虽然第一次入市就赚了钱，可懵懵懂懂炒了3年股，中国股市于她，仍然是雾里看花，看不清楚。

　　时光进入2012年，卡眉歇了有些"年头"了，她终于又想入市了。不是因为时机转好，而是因为她觉得自己经过这几年看清楚了很多。她发现，中国股市还是一个可以投资理财、可以赚钱的地方，中国股市有着比较高的波动性，操作也比较简单，如果能操作得当，是存在稳定盈利可能的。不过，不能对中国股市抱有太大奢望，2006年、2007年那样的大牛市，或许果真如中年男所言，那是"我们一辈子能碰到的最好的股市发财机会"。而且，要看到，中国股市还很不成熟，估值体系、估值水平都有着很大的变数，许多被描述得天花乱坠的股票，其实长期稳定发展十分可疑，陷阱处处都有。所谓价值投资的豪言壮语，有时不过是自欺欺人或是作茧自缚。在中国，绝不是买入几只所谓价值股就可以睡大觉的。

看清楚了这些，卡眉觉得，再入市一定要讲究操作策略。以她非常有限的阅历和经验，她认为，股市操作首先一定要分清牛市和熊市，牛市中，一路抱定潜力股等待拉升，不患得患失，不换来换去，让利润奔跑，让收益放大；熊市中，则一定要注意波段操作，设定止损，保护自己的主力部队。

关于股票，"三十年河东，三十年河西"，风水经常转，但有几点经验教训是需要铭记的：一是，不一定非选择朝阳产业不可，但一定不可以选择夕阳产业；二是，成长股为王，首选具有成长潜力的股票，除了注意其行业、业绩，还要看其股本是否有扩张空间，市值如何。一个不变的真理是，公司市值是会有"天花板"的，比如三一重工，扩张到如今地步，再想往上恐怕就难了，而盘子巨大的银行股、中国石油、中国石化，纵使业绩再花团锦簇，也不是我们小投资者的理想标的。

附：彼得·林奇25条股票投资黄金法则

1. 投资很有趣，很刺激，但如果你不下工夫研究基本面的话，那就会很危险。

2. 作为一个业余投资者，你的优势并不在于从华尔街投资专家那里获得的所谓专业投资建议。你的优势其实在于你自身所具有的独特知识和经验。如果你充分发挥你的独特优势来投资于你充分了解的公司和行业，那么你肯定会打败那些投资专家们。

3. 过去30多年来，股票市场被一群专业机构投资者所主宰。但是与一般人的想法正好相反，这反而使业余投资者更容易取得更好的投资业绩。业余投资者尽可以忽略这群专业机构投资者，照样可以战胜市场。

4. 每只股票后面其实都是一家公司，你得弄清楚这家公司到底是如何经营的。

5. 经常出现这样的事：短期而言，比如好几个月甚至好几年，一家公司的业绩表现与其股价表现毫不相关。但是，长期而言，一家公司业绩表现与其股价表现完全相关。弄清楚短期与长期业绩表现与股价表现相关性的差别，是能不能投资赚钱的关键。这也表明，耐心持有终有回报，选择成功企业的股票方能取得投资成功。

6. 你得弄清楚你持股公司的基本面究竟如何，你得搞明白你持有这只股票的理由究竟是什么。不错，孩子终究会长大的，但是，股票并非终究会上涨的。

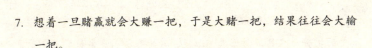

7. 想着一旦赌赢就会大赚一把，于是大赌一把，结果往往会大输一把。

8. 把股票看做是你的小孩，但是养小孩不能太多，投资股票也不能太多，太多你就根本照顾不过来了。一个业余投资人，即使利用所有能利用的业余时间，最多也只能研究追踪8到12只股票，而且只有在条件允许的情况才能找到机会进行买入卖出操作。因此，我建议，业余投资者在任何时候都不要同时持有股票5只以上。

9. 如果你怎么也找不到一只值得投资的上市公司股票，那么就远离股市，把你的钱存到银行里，直到你找到一只值得投资的股票。

10. 永远不要投资你不了解其财务状况的公司股票。让投资者赔得很惨的往往是那些资产负债表很差的烂股票。在买入股票之前，一定要先检查一下公司的资产负债表，看看公司是否有足够的偿债能力，有没有破产风险。

11. 避开那些热门行业的热门股。冷门行业和没有增长的行业中的卓越公司股票往往会成为最赚钱的大牛股。

12. 对于小公司的股票来说，你最好躲在一边耐心等待，等到这些小公司开始实现盈利时，再考虑投资也不迟。

13. 如果你打算投资一个正处于困境之中的行业，那么一定要投资那些有能力渡过难关的公司股票，而且一定要等到行业出现复苏的信号。不过，像生产赶马车鞭子和电子管的这些行业永远没有复苏的希望了。

14. 如果你在1只股票上投资1000元，即使全部亏光也最多不过是亏损1000元，但是如果你耐心持有的话，可能就会赚到1000元甚至50000元。业余投资人完全可以集中投资少数几家优秀公司的股票，但基金经理人根据规定不得不分散投资。业余投资者持有股票数目太多就丧失了相对于专业机构投资者能够集中投资的优势。只要找到几只大牛股，集中投资，业余投资者一辈子在投资上花费的时间和精力就远远物超所值了。

15. 在任何一个行业，在任何一个地方，平时留心观察的业余投资者就会发现那些卓越的高成长公司，而且发现时间远远早于那些专业投资者。

16. 股市中经常会出现股价大跌，就如同东北地区严冬时分经常会出现暴风雪一样。如果事先做好充分准备，根本不会遭到什么损害。股市大跌时那些没有事先准备的投资者会吓得胆战心惊，慌忙低价割肉，逃离股市，许多股票会变得十分便宜，对于事先早做准备的投资者来说反而是一个低价买入的绝佳机会。

17. 每个人都有投资股票赚钱所需要的智识，但并非每个人都有投资股票赚钱所需要的胆略，有识且有胆才能在股票投资上赚大钱。如果你在股市大跌的恐慌中很容易受别人影响，吓得赶紧抛掉手中的所有股票，那么胆小怕跌的你最好不要投资股票，也不要投资股票型基金。

18. 总是会有事让人担心。不要为周末报刊上那些危言耸听的分析评论而焦虑不安，也不要理会最近新闻报道中的悲观预测言论，不要被吓得担心股市会崩盘就匆忙卖出。放心，天塌不下来。除非公司基本面恶化，否则坚决不要恐慌害怕而抛出手中的好公司股票。

19. 根本没有任何人能够提前预测出未来利率变化、宏观经济趋势以及股票市场走势。不要理会任何未来利率、宏观经济和股市预测，集中精力关注你投资的公司正在发生什么变化。

20. 如果你研究了10家公司，你就会找到1家远远高于预期的好公司。如果你研究了50家公司，你就会找到5家远远高于预期的好

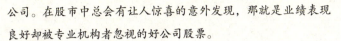

公司。在股市中总会有让人惊喜的意外发现，那就是业绩表现良好却被专业机构者忽视的好公司股票。

21. 没研究过公司基本面就买股票，就像不看牌就打牌一样，投资赚钱的机会很小。

22. 当你持有好公司的股票时，时间就会站在你这一边，持有时间越长，赚钱的机会越大。耐心持有好公司股票终将有好回报，即使错过了像沃尔玛这样的优秀公司股票前5年的大涨，未来5年内长期持有仍然会有很好的回报。但是如果你持有的是股票期权，时间就会站在你的对立面，持有时间越长，赚钱的机会越小。

23. 如果你有胆量投资股票，却没有时间也没有兴趣做功课研究基本面，那么你的最佳选择是投资股票投资基金。你应该分散投资于不同的股票基金。基金经理的投资风格可分为成长型、价值型、小盘股、大盘股等，你应该投资几种不同风格的股票投资基金。投资于6只投资风格相同的股票基金并非分散投资。投资者在不同基金之间换来换去，就会付出巨大的代价，得支付很高的资本利得税。如果你投资的一只或几只基金业绩表现不错，就不要随便抛弃它们，而要坚决长期持有。

24. 在过去10年里，美国股市平均投资收益率在全球股市中仅仅排名第8。因此，你可以购买那些投资于海外股市且业绩表现良好的基金，从而分享美国以外其他国家股市的高成长。

25. 长期而言，投资于一个由精心挑选的股票或股票投资基金构成的投资组合，业绩表现肯定要远远胜过一个由债券或债券基金构成的投资组合。但是，投资于一个由胡乱挑选股票构成的投资组合，还不如把钱放到床底下更安全。

06

懒姑娘，买基金你信得过？

○ 懒人买基金 ○

懒人买基金，绩效懒洋洋

"卡眉姐姐，你说跌穿2700点可以买指数基金……"安静了没两天，慧妮又缠着卡眉不放了。股市折戟之后，她锲而不舍地寻找新的投资目的地，波谲云诡的股海太过刺激，基金的怀抱可能安稳许多。慧妮想要做一回懒人。

"你们别不信懒人能赚大钱，买基金要大智慧么？是个正常人就会买吧。"

"我信，懒人能赚大钱，只是不信你是懒人。"卡眉见识了慧妮在股市里的进进出出，结论是：她是一个勤劳勇猛的投资者。

慧妮这次心态不错，因为她首先把自己"贬低"了一级。经历过中国股市的跌宕起伏，她再也不敢盲目自信，在投资世界里，的确，自信比自谦更加危险。

其实，早在闯进股市之前的2004年，卡眉就用手里原本准备出国留学的资金，大胆买了把基金。"纯属被银行里的人引诱。"卡眉至今对这笔投资不甚满意。当时还没毕业，对投资理财市场一片茫然，手里闲钱不想等，投资股票不懂，做定存利息太低还要付利息税，买黄金，谁知道国际金价是会涨还是会跌……听银行人士说买基金不用付利息税，收益比银行定存高，卡眉没细想，更没多选，10万元一笔砸进去。头几个月，她听到最多的话就是："你买的基金又跌了。"卡眉大概是忙得没时间去赎回，听到周围不时的提醒，她一直会说："赚了钱我请客。"当然，2004年她没请，2005年她也没请，直到2006年，她懵懂闯入股市前夕，终于"一夜暴富"，她买的基金净值翻了一倍多，足够请所有朋友奢侈一把。

"还是做个懒人划算，做个懒人意味着你所有的压力与风险都让基金经理去承受。要知道，如果你的基金净值只跌不升，比你更睡不着觉的是基金经理！"慧妮可能是折腾累了，想找基金经理偷个懒。

卡眉天生不是笨小孩，偷懒的事也不够得心应手，买基金误打误撞赚了钱，让她觉得不够踏实，基金经理真的信得过？她一直有疑问。

"而且，你忍不忍得住'手痒'？基金申购赎回可没股票那么自由，也不便宜。"卡眉提醒慧妮。

基本上，懒人买基金，得先看看你是不是符合懒人的条件。自己究竟适合把资金交给基金经理打理，还是适合自己炒股，先做个测试看看。

该测试来源于银率网，在以上12个问题中，如果你的回答中有超过5个"是"，结论是：你是一个容易受大众投资心理影响的人，受影响程度逐级递增。若是10个问题都回答"是"，那么建议是：你可能更适合为自己找一个理财师或者是买一只基金，而不是自己炒股。

"据说，股市里赚钱最多的就是最聪明和最笨的人，是吗？"

慧妮自愿做那个最懒、最笨的人。

相比股票投资，买基金确实可以懒一点，但不代表可以懒到"随便买，随便赚"，如果不小心，也会陷入买入套牢的结局。

基金投资也有学问，怎么选基金？怎么选基金经理人？什么时候进场？获利要不要赎回？这些都有讲究。单笔投资如何进场？定期定额投资要不要停利、停损？低点该不该加码？万一被套该怎么办？基金不是稳赚不赔的买卖，操作也都有玄机，没那么简单。如果你真的笨笨地跟着基金广告买入，或者听信银行理财专员推销，对之后的投资策略完全没个准，你很快会发现，所谓适合懒人投资的基金理财法，绩效恐怕也会是一派懒洋洋，甚至还会懒到一蹶不振，"基金套牢族"你应该也听过吧。还有人懒到忘了基金的存在，以为一劳永逸，单笔买入或设置定期定额买入即可，从不设停损，也不停利赎回，那么再优质的基金也不适合这么懒的你。

卡眉这笔基金投资纯属"意外"，在波澜壮阔的大牛市里，股票轮流涨，基金经理人闭着眼睛都能赚钱。还好，卡眉没忘了这笔基金的存在，适时地停利赎回，虽然赚的不是高点，但仍然不失为一笔成功的投资。

所以说，虽然懒人买基金，但理财仍然要积极。

"我只是不信你是懒人。"卡眉的担心是对的，还有着股市快进快出的惯性的慧妮，如果忍不住"手痒"，来来回回申购赎回，硬是把基金当股票来回操作，到头来恐怕又是帮基金公司赚了手续费。

进场时点

何时进场？如同投资股票一样，买基金同样面临进场时点的问题。最好的进场时点，就是要发现市场见底的时点，只要市场景气见底，就代表行情即将出现反弹、走升。此时单笔买入，基金净值上升的机会较大。其实，在金融危机虽已淡出话题焦点但余威尚存，而欧债危机持续蔓延、尚未到达底部的时期，全球市场短期内仍难走出阴霾，跌跌不休的市场，很难以投资眼光发现何时见底。不过，借助一些常规的判断法则，或许可以简单判断市场的见底时点，因为，即便是在真正的熊市里，投资也是市场的主题。

两项指标——"指数近3个月收益率"与"指数近6个月收益率"，同时符合下面两个条件，就代表市场可能已经见底。

条件1：指数近3个月收益率≥10%，代表市场获得资金动能，市场有望转好，资金开始介入，指数有可能会继续上涨。

条件2：指数近3个月收益率—近6个月收益率>20%，代表过去半年收益率欠佳，可能还是负数，因此虽然近3个月指数已经上涨，但还是在相对的历史低点，此时介入应该还不迟。以近年来A股市场为例，用这个简单的判断法则，可以发现，从2005年至2009年9月，曾出现过两次进场买点的讯号。

第一次发生在2005年8月，上证指数在1163点附近，近3个月收益率为10%，近6个月收益率还是负数，为-11%，也就是，指数近3个月收益率减去近6个月收益率为21%（大于20%），代表基金单笔投资的买进时点已到，此时可以开始买进。之后两年，A股市场不是开始大多头走势了吗？

另一次买进时点，则出现在2009年1月，当时上证指数为1990

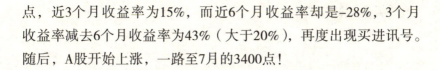

点，近3个月收益率为15%，而近6个月收益率却是–28%，3个月收益率减去6个月收益率为43%（大于20%），再度出现买进讯号。随后，A股开始上涨，一路至7月的3400点！

选基先选公司

再懒的投资理财法也需要动脑筋——至少一次。

买谁的？买什么好？买多少？多少钱买？真金白银地交出去，还是要有一番研究和筛选才放心。

什么才是选择基金的重要考量？选基金先选公司，一看公司整体业绩。需要注重的是一家基金公司的整体业绩，不要只看旗下一只基金的表现，整体业绩优良才能证明投资团队管理资金的能力和水准。单单只是旗下某只基金突出，其他基金都表现一般甚至较差，那一定要慎重了，很可能是基金经理的短期行为推高，不一定具备可持续性。

二看基金公司团队的稳定性。基金业绩主要倚赖基金公司的投资团队能力，稳定的投资团队才具备可持续的投资能力。如果一家公司人员流动性大，基金经理跳槽频繁，很可能意味着团队内部管理和治理结构不完善，会影响今后业绩的持续增长。

三看基金业绩的持续性。基金投资强调"稳"字当头，不然怎么说是懒人投资，回报稳健增长的基金比暴涨暴跌的基金更值得拥有。

牛市买老，熊市买新

市面上的基金一箩筐，该选哪只才好？每月一次的基金净值排名可作为参考么？净值高的买进，会不会没有太大上涨空间？净值低的上涨有空间，可是排名靠后，是不是投资组合不优？要不要等着买新基金？

慧妮的问题也一箩筐。

先来解决买新发行基金，还是老基金的问题。首先要看市场处于何种状态，大盘处于上涨行情时，买新基金的收益率通常不会高于老基金，原因很简单，新基金需要建仓时间，而建仓时也给老基金持有的股票提供了上涨支撑，且此时的建仓成本比老基金高；而在下跌行情中，买新基金的收益率就可以强于老基金，因为新基金可以通过延缓建仓、申购新股、买入债券等手段获取稳定收益，而老基金则只能通过市场情况及对后市的判断调整仓位、调整投资组合，收益不稳定。

确定了投入的方向，买基金之前，还要根据自己的风险偏好和收益预期，想好买什么类别的基金。目前，开放式基金类别已经让人眼花，包括股票型、混合型、债券型、指数型、ETF（交易型开放式指数基金）、QDII（合格的境内机构投资者）、LOF（上市型开放式基金）等，还有封闭式基金、创新型封闭式基金，货币基金，太多选择，意味着很难选择。根据自己的风险偏好、承受能力，选择激进、保守还是中庸的大类即可，再去找你认可的基金公司和基金管理人。

选好基金公司也要小心品牌崇拜。常常有这样的情况，在认可某家基金公司之后，投资者可能会对这家基金公司产生盲目依赖，一有该公司发行的新基金就去抢购，无视基金类型。例如，牛市中基金公司发行混合型基金，基金合同里规定在债券、股票上必须配置相应比例，这就决定了这只基金在牛市中涨不过一些股票型基金；而在熊市中，或者市场下跌行情中，混合型基金就比股票型基金有优势得多，债券配置部分可以获得稳定收益。但如果投资者购买基金时，没有结合市场和基金类型考虑这么多，买入之后发现净值不涨、收益率不高，没达到自己的预期，就会想要赎回，并质疑基金管理团队的投资能力。

买基金，大的好，还是小的好？其实，50亿左右规模适中的基金比较合适。大基金灵活性差，规模大，运作难度也大，仓位很难进行及时调整，而"船小好调头"，小基金灵活性上占优。慧妮从基金公司的朋友那里了解到，基金公司旗下如果有大基金，通常其调仓的顺序是先小基金再大基金。另外，大基金获取超额收益的能力较弱，因为大基金往往在大盘股上进行配置，这就可能很难获得超越大盘的收益。不过，也不可追求规模太小的基金，规模太小可能令某些个股出现过度配置，这会导致业绩波动性加大。

1. 在你的投资组合中，来自于别人建议而买入的股票比例更高，而且，你并不知道这些人的股票账户收益情况。

2. 你总在"追涨"、"杀跌"中进行投资，或者说你大部分股票都有被套的经历。

3. 你没有专业学习过投资或分析股票，但这并不影响你取得收益，所以你决定这两天加大些筹码。

4. 有一位愿意只抽5%收益的操盘手一对一为你服务，帮助你进行投资。

5. 不论什么情况，你都更愿意进行交易而不是坐等，所以有时一个月你的交易记录可以打印一个3米长卷。

6. 你买过电视广告上的炒股软件或接受过投资服务，或者你拨打过推荐股票的免费电话。

7. 你决定持有某只股票，但周围人都说不好，于是你匆匆卖出。或是本来你打算买入A股，却因为有人说B股更好而迅速改变了决定。

8. 每个交易日开盘前，你几乎都不知道自己今天会如何操作。或者你认为今天应卖出股票，但人人都在买入，于是你也买了。

9. 你喜欢给别人投资建议，更喜欢把听来的消息告诉每一个朋友；或者经常对别人的投资决断加以指导。

10. 你看10个以上的理财节目、10本以上的书籍或10份以上的报纸，熟悉众多分析师的面孔，听每个人的建议却不完全信任某一个人。

11. 在一个完整的投资过程中，你总是在前期自信满满、坚持自我，到最后却越来越灰心，完全没有能力控制局面。

12. 你常有"再坚持一天股价就会反弹"的想法，但总等不到那一天就卖出，结果很短的时间后，股价就开始反弹了。

○ 拆解基金的奥秘 ○

用ETF轻松赚钱

"卡眉姐,你说可以买指数基金,买ETF是不是可以让我更懒一点?"慧妮听说,ETF堪称懒人投资的"救星"。ETF,Exchange Traded Funds,是在交易所上市交易的指数基金,它可以像股票交易一样,对指数进行买卖交易,交易价格取决于它拥有的一揽子股票的价值,其特点在于密切跟踪基准指数。

目前沪深两市共有45只ETF基金,分别对应不同的指数标的。以2012年5月9日新出炉的两只沪深300ETF为例,华泰柏瑞沪深300ETF与嘉实沪深300ETF,均是以跟踪沪深300指数为标的,覆盖了沪深两市市值最大的300只股票,其中多是行业龙头公司,买入沪深300ETF就相当于购买了一揽子沪深300股票。再比如著名的上证50ETF,专门投资沪市最核心的50只权重股,买入上证50ETF,等于只花少量金额,一次将上海证券交易所前50大市值股票带回家。简单地说,完全可以把上证50ETF看做是一只由50只股票组成的超级大股票,操作起来与股票交易完全一样,指数低点买入,指数高点抛出。相反的,中证500指数则聚焦500家小市值公司，行业分布均衡，但其中不乏二线蓝筹股和细分行业龙头股。

ETF懒就懒在，同时存在二级市场交易和申购赎回机制，投资者可以按照当天的基金净值向基金管理者购买，也可以在证券市场上直接交易。

相比其他基金类型，ETF基金收取的管理费用更便宜。一般开放式基金的管理费大多是1.5%，而ETF的管理费多在0.3%~0.5%。仅管理费一项就已经相差三五倍了。另外，申购赎回基金需要支付1.5%左右的申购费、0.5%的赎回费，但ETF在二级市场即时交易时，相当于股票交易，因此没有手续费之说，只需缴纳交易佣金，金额不超过成交金额的0.3%，且免交印花税和过户费。而且，不要一说买基金就直奔银行，其实，通过不同机构、不同形式购买ETF基金，费用不等，做过股票的慧妮这回知道，通过二级市场直接买ETF，比从基金公司、券商和银行渠道都要便宜。

可不要小看这一两个百分点的差距，这些成本都是从你的投资收益中扣除的。保守假设基金5%的年投资回报率，1.5%申购费+0.5%赎回费+1.5%管理费的基础费用总计已经高达3.5%，收益的70%已经被基金公司拿去，与此形成鲜明对比的是，ETF的费用投入尚不到1%。

当然，牛市中，无论什么时候买入ETF都赚钱，但也要记得，熊市中，指数基金跌幅也是最大的，因为它们无法像开放式基金那样降低仓位持币观望，也无法像对冲基金那样做空。所以，ETF或许可以更加懒一点，因为它需要一个长周期，可能需要经历熊市牛市的轮回，你大可放心持有，等待轮回。

居安思危的债券基金

"你的资产配置中，有债券基金吗？"一位向慧妮推荐债券基金的基金销售上来就问。

"为什么要配置债券基金？收益率才5%、6%的。"慧妮品尝过股票投资动辄30%、50%的盈利，即便做回懒人，也不能懒到没了赚钱兴致。但百分之几十的收益率，对债券型基金而言，实在是不可能完成的任务"。难怪那位基金销售听了慧妮的话，脸都绿了。

在基金投资领域，债券基金待在一个被遗忘的角落，很多人像慧妮一样，对债券基金不屑一顾，仅比银行定存略高的收益率难以吊起他们的胃口。先别急着对债基摇头，回想一下，在金融海啸发生之前，慧妮和卡眉等人，勇敢向前冲，开心得忘了为自己准备安全降落伞。而当市场走势扭转，套牢的套牢，割肉的割肉，离场的离场，还没落袋的收益被金融危机吞噬，此时，如果你早备一套降落伞，可以让你安全着陆，还能继续稳赚收益，该多好。

居安不思危，一般人的通病。

吃过苦头，应该学会保护自己的资产。"告诉你一个事实，真正的投资人，几乎都会配置一定比例的债券基金"，基金销售说。市场空头时，债基配置比例调高，但即使是大多头行情，不少投资人的基金组合中仍然维持25%的债券配置。

债券型基金主要以国债、金融债、可转债、企业债等固定收益类金融工具为投资对象，债基80%以上的资金投资于债券，一小部分资金投资于股市。另外，可转债和打新股也是债基获得收益的重要渠道。由于投资债券定期有利息回报，到期承诺还本付息，因此债券型基金的收益稳定。通常，股票和债基是跷跷板的关系，此消彼长，当股市景气，债券市场就遭殃，当股市不景气，资金就会部分撤出股市，转投债市。

谁不想长期获利？虽不是高收益，但它能帮你稳定获利，况且你还有高风险要对冲，那么，债基绝对是投资组合必备的要角之一，你有责任弄懂它、拥有它。

了解债基，先要了解债券主要受到两个因素影响，一个是利率，一个是信用风险。当利率走低，债券价格会上扬；相反的，当利率走高，债券价格就会下跌。信用风险主要关乎企业公司债，当企业信用风险上升，债券就会被抛售，债券价格就会下跌；当信用风险降低，公司债券价格就会上涨。

2012年以来，全球央行几乎联手降息，以刺激经济，中国央行也在一个月内连续两次调降利率，利率的走低刺激债券价格上涨，也给债基收益带来正面效应。面对股市景气度的持续低迷，债基是时候纳入你的资产配置了。

定投之道+停利不停损=微笑曲线

像慧妮这样的基金新手，如果没有足够雄厚的资金，或者对基金买入时点没有十分把握，定期定额是最好的投资之道。

定期定额投资，是指投资人在银行等基金销售渠道，约定每期的扣款时间、扣款金额以及扣款方式，由基金销售机构在约定的扣款日从投资人指定银行账户内自动完成扣款和基金申购。基金定投的价值核心在于摊薄成本，简单地说，把基金投资拉长在一个较长的时间周期里，当基金净值上涨时，一定的金额可以买到的基金份额少，当净值下跌时，同样一笔资金买到的基金份额就多，长期下来就可以有效摊低投资成本。而以中国这样的新兴市场来看，基金净值长期而言必然上涨，所以，低点时买到的廉价基金份额越多，高点时收获的就越多。最重要的是，不必为选择合适的进场时点而伤脑筋。

不过，基金定投并非稳赚，获利要守住三个原则。

获利原则一：选对投资市场。定期定额投资是很好的投资之道，但并非放诸四海而皆准。其重点在于，定投的好处要放在一个"向上"的市场中，才有发挥空间，低点时买到更多的基金份额，高点时才能欢呼收割更高的基金净值。但这个前提是，选对投资市场才有这个机会。

卡眉曾经有过一次惨痛的定投经历。那是2007年10月发行的上投摩根亚太优势基金，这是当年发行的第4只基金系QDII，投资于亚太地区证券市场及在其他证券市场交易的亚太企业。当年，上投QDII发售的火爆场面，卡眉至今历历在脑：300亿元限量发售，首日就以认购金额超1000亿元提前结束发售，最终以25.8%的配售比例，创下QDII基金"中签率"新低。卡眉当年追风，也是从资产配置的角度出发，希望规避投资单一A股市场的风险。2007年10月，A股市场估值已经处于高位，喧嚣一时的港股直通车也被搁置，QDII似乎是当时投资亚太股市的便利通道。而上投QDII成立后，在1个月内即完成建仓，建仓时几乎是在市场的最高点，之后，亚太股市大跌，基金净值绵绵下跌，成立后短短两个月，净值即跌去10.5%，基金浮亏高达31亿元，卡眉两个月不到就被套牢。她倒是很坚持，严守投资纪律"停利不停损"，坚持每月定投500元。遗憾的是，这只QDII最值钱的时候就是申购当天，投资4年半时间里，卡眉在它身上从没赚过钱。

之后，金融海啸来临，亚太主要股市被拖下水。几乎满仓投资亚太股市的上投QDII终难以翻身。

定投一年半之后，仍然不见起色的这只QDII，让卡眉终于没办法再"忠心不二"，终于停止了定投扣款。截至2012年7月16日，上投QDII单位净值仍仅为0.5060元，每年还要支付高昂的管理费（1.8%）和托管费（0.35%）。卡眉至今严重套牢30%多，不过定投的摊薄成本效用仍然体现无疑，如果没有采取定投扣款，卡眉这笔投资可能会巨亏超过50%。

"卡眉姐，你打算拿着这只QDII到什么时候呢？"慧妮不解卡眉为何如此忠心于这只亏损大王，买入以后只有短暂的正收益，目前净值仍然折损过半。"我相信，在我有生之年，上投亚太优势一定能够回到正收益！"卡眉壮烈地说。

"基本上，我们只有祝福你了。"慧妮也觉得她这回特别壮烈。

获利原则二：低点持续扣款。这是基金定投最挑战人的地方，当股市接连下跌之后，基金账户眼看一直缩水，还要不要继续扣款，坚持这样的投资方式？我们都知道，单笔投资一定要设置停损，但定期定额投资却是相反，要不停损地长期投资。慧妮领教过，基金投资中，停损不容易，不停损一样难，市场景气度差，各路投资放缓脚步，投资理性与脆弱情绪反复交手，此时，要保持理性，维持投资纪律，千万别搞成"高点续扣，低点停扣"。股市不会有末日，投资市场由逆转胜，需要的是时间和信心。

"卡眉姐，如果我要去停扣，你要拦住我。"慧妮倒真的担心，她的"波段操作"，放在基金投资上，可能是致命的。"不要进行波段操作。基金经理人会进行波段操作，你再进行波段操作，不是多此一举吗？"

获利原则三：高点适时停利落袋。定投基金，除了要选对市场、不停损、持续扣款之外，还有最重要的一点，就是适时停利，这是定期定额最关键的投资策略。可是，如何判断，什么时候是获利了结的好时机呢？

首先设定时间。虽然定期定额讲究的是长期投资，但也无需天长地久，一般来说，设定2年至4年比较适当。从过去的历史经验来看，无论是1997年的亚洲金融危机，还是2008年的全球金融海啸，风暴持续时间一般不会超过2年，因此，至少投资2年，才能挨过景气低谷，等到基金的另一个净值上涨期，让定投发挥效果。"富不过三代"，基金投资则是"最好的时光通常3年"。发达国家的经济景气循环通常3年左右，如美国上一波景气循环是从2003年一路景气到2006年，而新兴市场国家景气循环可能比发达国家更久一点，但通常也不超过4年。所以，配合景气周期，不超过4年的投资期间比较适当。

其次，观察市场。股市和债市，是企业最常见的两种筹资方式，发行新股筹资，股价上涨，意味着企业可以较好地利用股票筹资；而发行债券筹资，企业则希望以比较高的价格（较低的利率）发行债券，而当债券价格下跌（利率提高）时，代表企业筹资不顺利，企业债信有问题。通常，股市和债市表现应是一致的。你要注意的是股债不同步的讯号，当股票上涨、债券价格却下跌时，就要小心了，这透露出债市对企业的不信任，这代表公司在债市筹资出现预警，公司债信可能已经开始恶化，但此时股市的投资人还没有留意到，出现一定的延时。这时，应该要抢在股票投资人之前，赎回部分基金，先行获利了结，避免后续股票下跌、基金被套。

以2008年的金融海啸为例，美国高收益债券价格指数自2008年5月持续下滑，但股市反而自2008年7月开始反弹，呈现股债不同步的讯号，透露出债市对企业的不信任投票。如果在这时投资人果断获利了结，肯定可以避免后来的基金严重套牢。

最后，别小看定投的威力，复利的力量是巨大的。简单做个计算，如果每个月买500元基金，坚持定投20年，基金投资的本金就累积到12万元。如果买入的基金在20年间平均年回报率5%，则20年后基金净值总额将增加到近20.5万元；如果买入的基金年均回报率能达到8%，那么恭喜，20年后基金净值总额将增加到28.6万元，相比本金投入，翻了一倍多。

当股市从多空交战，走到空头期时，如果你相信股指在一两年内，有机会回到之前的点数，就应该选择定期定额的方式投资基金。其实，当股市反转，并不需要股指回到之前的点数你才可以获利，由于定投摊平了成本，随着时间推移，买入成本越垫越低，在股市反转的过程中，已经不需要回到之前的点数，中途就可以有令人微笑的获利，走出U型微笑曲线。

○ 该不该对基金Say "NO"？ ○

"到底可不可以买基金？"慧妮的疑问，很多投资人都在问。

在投资领域，懒得了一时，懒不了一世，当你掌握了投资技巧、提高了自身的风险承受能力、对宏观大势有了自己的见解，你可能会想要享受投资的自主性，拿回属于自己的主动权。被动投资终究逃不过被抛弃的命运。就好像卡眉，那笔基金投资的收益并没能给她带来投资的满足感，她很快放手了。

人才的逆淘汰

买基金的确有一大堆好处：高学历的基金经理人、专业的投资团队、堪称完美的资产配置等，但为什么到头来还是会有人买基金赔了钱？还有这么多基金净值折损过半？

基金本性靠天吃饭，在熊市中，基金无法逃离厄运；在暴涨暴跌的市场中，基金亦无法独善其身。

就在2008年的股市深渊，上半年，基金总体亏损高达10821.87亿元，创下历史同期最高浮亏记录，多达33家基金公司旗下基金亏损超过100亿元。然而，这年上半年，59家基金公司合计计提基金管理费高达188亿元，相比2007年同期增长近1.2倍。2007年的大牛市令基金规模急剧膨胀，而2008年股市急挫，导致基民来不及"赎身"，庞大的基金规模为依靠规模而非业绩领取管理费的基金公司，在熊市中仍然获得不菲的收入。

基金的亏损与基金管理费收入上涨，一跌一涨之间，反映了这个行业的激励机制存在的问题。

逆向激励机制造成人才的逆淘汰。在中国，基金经理人的收入与基金业绩关系不大，导致基金老鼠仓不断；虽然，"老鼠仓"最高可判十年有期徒刑的刑法修正案草案，给"老鼠仓"加上了刑法"紧箍咒"，但仍然有"硕鼠"铤而走险。另一个逆淘汰的结果是，一些具有投资经验的基金经理人大规模弃公募基金而去，奔向激励机制更加市场化、投资更加灵活自主的私募基金，"留守"在公募基金里打拼的基金经理人，70%从业不到7年，平均任职时间18个月，动辄变化的市场和政策，令他们进退失措。

既然基金从业人员的专业素质不比老股民好多少，为什么还要把资金交给他们"打水漂"呢？

昂贵的管理费

对基金投资者来说，基金其实是一份相当昂贵的午餐。在金融海啸中，无论你的基金账户损失有多么吓人，都丝毫不会让基金公司哪怕一点点的内疚，从而少收分厘的管理费。就好像基金亏损不关基金公司的事，而是全体投资人的事，资金交到基金经理人手里，还要忍受"盈亏自负"的心理准备。

按照目前国内开放式基金每年收取1.5%的管理费的制度，这意味着，每100元受托资产中，有1.5元收入基金公司囊中。假设基金一年回报率5%，投资10000元，本利相加是10500元，基金公司管理费一年所得便是157.5元，不难算出，在投资者净赚的500元里，157.5元——就是31.5%的利润被基金公司据为己有。这还是假设基金年回报率有5%，要知道，市场大跌的年份里，不仅不能保本，还要再乖乖掏钱给基金公司"管理"，而管理着的资产还在步步缩水。

基金销售们这样推销说，基金由投资经理管理，以他们的专业知识和投资经验，肯定可以为客户赚取安全而丰厚的回报。

既然我的资金被操作平庸的基金经理人越管越少，为什么还要付钱请他们管理呢？

卖出困难，削弱弹性

每种投资工具都有交易或维持成本，基金在所有投资工具中，成本一般是最贵的。基金的收费林林总总，大致包括了以下一些：入场费——首次认购费、转换费、买入差价；持有费用——管理费、绩效费、分销费；出场费——赎回费、行政费、卖出差价。虽然不一定每种都收，但买入卖出双向收费，持有的过程同样收费。股票一买一卖之间，费用不到1%，而基金申购、持有、赎回之间，费用高达3%以上，甚至有的基金接近10%。要知道，在投资世界，3%至10%，岂不是天文数字的收费？

收费昂贵令投资者不敢轻易进出，按照基金销售的说法，基金是长期持有，把交易费用摊开成长期计算，假设持有基金10

年，3%至10%除以10年，每年的费用支出不过是0.3%至1%而已。尚且不论0.3%至1%与其他投资工具相比是高是低，单以基金一年回报率5%计算，1%已是净收益的两成！应该不能算少吧？

当一项投资的买卖成本极高，进出就变得很困难，而这一点，从投资的角度看，是极为不利的条件，这叫"缺乏弹性"。

人生除了计划内的消费，还会有很多意外，我们无法预料在未来哪一天会失业、生病，或者有各种急用，或者意外出现一生难得一遇的投资机会……这时就要把投资资产换回现金，并且，是以十万火急的速度。假如你昨天刚刚好买下基金，今天就要变卖，一进一出，你的损失已经产生于无形。

当你真的要赎回基金时，除了一笔出场费和差价，恐怕还得冒上其他风险，这就是"暂停赎回公告"。股票T+1交易、银行存款即时性、外汇买卖T+0，当你选择卖出、提取现金，2天之内均可以拿到现金。但是，基金要赎回时，时间则可长可短，通常，货币基金赎回到账T+1、债券基金T+3、股票基金T+5，甚至可能T+7。而如果正值熊市，投资人同时赎回，恐怕要等上个把星期也不奇怪。基金还可以宣布暂停赎回，眼看着净值一路下跌或是急等救急资金的投资人，完全无能为力。

投资的终极目的，是把投资资产变回现金，去做该做的事或救急的事。但如果变现如此困难，为什么要把资金交给别人"看牢"呢？

分散投资的谬误

都说基金规模庞大，可以发挥规模效应；基金是买一揽子投资产品，足以分担风险。但关于规模效应和分散风险，恐怕要重新认识。

在投资世界，根本没有规模效应这回事，资金越庞大，管理越困难。如果你有10万元资金，平均年增长率五成，管理可能很容易，但如果你有1亿元资金，要增长两成恐怕很难。对于平均任职时间仅18个月的青涩基金经理人而言，动辄管理几十亿上百亿的资金规模，投资增长的难度可想而知。

对于分散投资的说法，可能会均衡风险，但一定会影响投资成绩。而很多时候，风险并非由分散投资就可以分担得了，金融危机期间，几乎每种投资品种的价格都一路下跌，风险又如何分散得了呢？

要做分散投资，把鸡蛋放在不同的篮子里，买几只股票、做几笔定存、买点黄金、做几笔外汇，已经是很好的分散投资方式了。

你完全可以做自己的基金经理人。

07

首饰璀璨，不如打造黄金存折

○给资产镀上一层金○

情比金坚

"钻石恒久远，一颗永流传……我要送你好多好多颗。"阿杜还依稀记得上中学时，班上男同学嘻哈的玩笑。如今，现实的情况却是，除了璀璨耀眼的钻石——一颗就好，新人们还要准备真金白银——订婚戒指、结婚首饰、新娘嫁妆，各项结婚信物一定要用黄金打造，寓意情比金坚，但实际一点，其实是为了保值。

虽然还没准备走上红地毯，但阿杜对金饰并不陌生。毕业几年后，周边朋友生儿育女的速度都快超越了结婚的速度，孩子满月肯定要送点实在的贵金属才会让妈妈们开心。这两年黄金大热，眼看着金价见关不是关地往前冲，带动金饰价格也一路上涨，阿杜可不是坐以待毙的人，这不，朋友圣诞节才是预产期，她中秋一过就开始准备"储金"了。

阿杜想买个小金锁当贺礼，观察了一下，大部分999.9千足金长命富贵锁，重量一般在3~6克。珠宝店金饰品的价格是这样计算的，售价=当日金价×重量+手工费。阿杜两星期前看中周大福一款3.45克富贵锁，按照当日金价435元/克，含手工费总价在1530元，可没想到，阿杜两周后想出手，当日金价竟然窜到了475元/克，每克上涨40元，于是总价飙到了1668元，超过了阿杜贺礼的一贯标准。

阿杜为自己当时的犹豫追悔莫及："谁说黄金会回档，根本没迹象嘛。"

虽然金锁、金戒指、金项链等珠宝店的陈列价格，与伦敦金的国际金价不是一个概念，但挂钩国际金价的金饰价格也是金价波动最为直接的反应。

阿杜有点搞不懂黄金最近为什么一直涨，股票即便在牛市里也会有涨有跌，有上攻有盘整有回调，而金价一个月里累计涨幅居然可以达到近20%。在2011年8月，国际金价从1600美元/盎司，一路上涨到1900美元/盎司，连闯4个整数关口。

阿杜开始认真思考，是不是该投资黄金了。

早在2008年，国际金价突破1000美元/盎司时，人们大量卖出黄金。现在，金价在2011年转眼飙到1900美元/盎司，人们又纷纷抢进黄金，"黄金存折"买盘大增，贵买低卖，果然符合金融市场的铁律："资产价格越长越有人追。"其实，平时就将黄金纳入资产配置，无论涨跌，才不会慌张。

特别是在最难以预计的2012年，以及未来。

阿杜这回记住了：是金子总会发光。

是金子总会发光

2011年，全球金融市场遭遇重重大浪：年初，欧洲主权债务危机继续发酵；3月，日本大地震引发核泄漏，全球供应链遭到重大破坏；8月，美国痛失AAA主权评级，美债危机引发全球金融市场瞬间崩盘。糟糕的还在后面，进入2011年下半年，欧债危机全面爆发，从希腊开始扩散至意大利、西班牙等欧元区核心经济体，欧洲经济逼近重回衰退边缘。虽然美国经济出现微弱复苏迹象，但新兴经济体在美国连推第一轮量化宽松政策（QE1）、第二轮量化宽松政策（QE2）及全球货币宽松政策的背景下，货币贬值伴随资金大举外逃，通胀加剧。全球三大经济区都有问题。

黄金，越慌乱，越会涨。2011年9月，黄金急速冲破1900美元的历史高位，之后，随着美元由弱走强，美国第三轮量化宽松政策（QE3）未如预期出台，国际金价大幅跳水，此后便维持在1550~1800美元区间宽幅震荡。2011年的黄金可谓以"虎头蛇尾"收场。

进入2012年以来，欧债危机还在升级，新兴市场经济面临硬着陆风险，美国经济复苏缓慢，全球三大经济区的问题都没有很好地解决。股市步入熊期，市场避险唯恐不及，黄金竟也成了抛售的"风险资产"，2012年7月，金价回档调整至1500美元附近，并短期仍有一定的下行空间。然而，黄金的中长期升势并未撼动，各大机构仍然倾向于看多黄金，认为国际金价或于2012年内突破2000美元的关口，更有机构看多至2200美元。此次回档可能是一个绝好的抢入机会，阿杜据此判断。

黄金的特殊属性，决定了它无论是出于避险需求，还是出于巨大的工业和民间消费需求，无论是对抗通胀的保值需求，还是美元贬值的储备需求，都是纳入资产配置组合的必备，不论个人还是央行。不是有很多央行还在抢购黄金吗？

"如果回档到1400、1300，可千万别错过，一定要买入。"有黄金投资人士提醒阿杜。

千万要配置、千万别追高、千万要在回档时买入，阿杜不断强化自己的信念。

是金子总会发光。

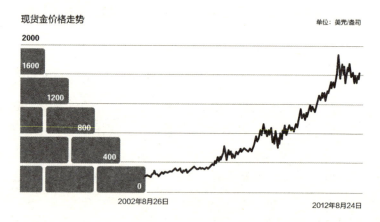

现货金价格走势　　　　　　　　　　　　单位：美元/盎司

2000

1600

1200

800

400

0

2002年8月26日　　　　　　　　　　　　2012年8月24日

图7-1　现货黄金价格走势

（2002.08.26—2012.08.24）

通胀猛于虎

关于黄金，在伦敦流传着这样一个故事：100年前，1盎司（约31克）黄金在伦敦可以定制一套上好的西装；100年后的今天，1盎司黄金在伦敦依然可以定制一套上好的西装。而100年前，几十英镑就能买到一套西装，但是现在却只能买到一只袖子。这就是黄金购买力经得起历史磨砺的有力证据。而长久以来，金价不断地上涨，并不是黄金价值的增长，而是全球货币超发导致的购买力正在下降。

　　如此，无论国家央行还是个人，将黄金纳入资产配置，的确可以避险以及对抗通胀。相信，这几年，CPI、PPI(生产者物价指数)、PMI（采购经理指数）这么专业的术语在家庭主妇那里都耳熟能详了，猪肉、大白菜、成品油的价格蹭蹭上涨，教会了人们寻找更多的投资渠道，创造收益，而不是坐等手中的钱越来越薄。事实上，目前，银行储蓄存款利率较低，实际负利率时而出现，而其他投资渠道仍然有限，或者并不适合个人投资。

　　从全球来看，温和通胀时，资产价格看涨；严重通胀时，股债都会失色。因此，资产配置里最好要有一项资产，不仅不怕通胀，还能成为通胀的受益者，选项之一是大宗商品。但是，一般人很难直接投资商品，因为，你很难径直去买一桶原油或一筐大豆，再或是一堆玉米。如果去买商品期货，期货的波动度大，对资金量要求也高，又将资产暴露在了更高的风险中。看来，能对抗通胀的投资品，非黄金莫属。因为，从本质上说，货币购买力下降的趋势是无法改变的。当整体物价大涨，反映的是社会对于货币购买力有很深的疑虑，具有货币价值的黄金，就会成为最被信任的资产，金价因此更容易大涨，由此弥补其他金融资产下挫的风险，这就是黄金对抗通胀的价值所在。

　　而黄金还能对抗美元。2011年美债降级为什么会引发全球股灾？因为市场有疑虑，手里的美元、美债会不会变成一堆废纸？拥有美元资产的投资人，就需要一种资产，能够对抗弱势时的美元。黄金与美元通常是跷跷板的关系，美元贬值，黄金上涨，资产配置里有黄金，就可以弥补美元贬值的损失。况且，美联储狂印钞票，美元有长线趋贬压力，更重要的是，欧元、日元，甚至人民币，短时间内都还无法取代美元的地位。买入避险，也唯有黄金。

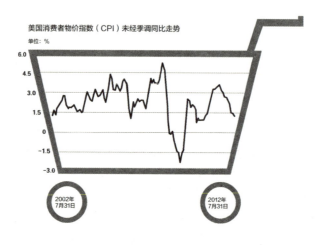

图7-2　美国消费者物价指数（CPI）未经季调同比走势

（2002.07—2012.07）

左手黄金，右手房产

　　如同阿杜想要投资黄金一样，白领女性进行黄金配置，出发点其实也很简单，短期可以分散风险，长期则可以用来对抗通胀，保值增值。黄金投资可不是为了短期获利，这个基本上很难。也别以为，买一堆漂亮的黄金饰品就是资产配置了，金饰品一旦买入就会产生损耗，买卖时有折旧费、手工费，完全不适合用来投资，也不是可以纳入资产配置的黄金。实物黄金、纸黄金、银行黄金理财产品、黄金T+D、黄金期货，这些才是能够进入你资产配置表的项目。黄金投资比例最好控制在你的金融资产的10%左右，最多不要超过20%。

低迷的股市、惨淡的楼市、上涨的物价，手上的闲余资金需要寻找新的投资方向。回顾历史，10年来，国际金价从每盎司253美元涨至最高点1920美元，10年牛市不折不扣，黄金硬通货的保值增值功能经得起检验。从长期来看，买黄金可以抵御通货膨胀；房产虽然具有很强的实用性，如果购买时机、价格和地段合理，还会有升值潜力，但弱点是变现性差；而储蓄获利低，但应对各种即时需求最方便；股票却是盈利性与风险性共存。

黄金的投资能力堪比不动产，而相对于不动产，黄金的变现能力又强很多。

以后可以左手黄金、右手房产，阿杜盘算着，只要不崩盘，两手都是保值增值的好品种。

○ 大卖，未必就能大赚 ○

买黄金"开车上路"

黄金虽是保值，但既是投资，就会有亏有赚，黄金投资也是一样。黄金投资好像开车，如果完全没学过，不会开而仓促上路是很危险的。黄金投资看似简单，但也不可盲目入市。

在没有"驾照"的情况下，比较保险的是到一个安全的地方多多练习，用最傻瓜的办法买黄金，固定时段拿出固定的钱购买金条。银行或金店都有10克、20克不等的小金条，比较适合没有"驾照"的投资者，一次投入几千块，坚持固定时段买，类似于基金定投或定期储蓄。平时朋友结婚、孩子满月，可以直接当贺礼，免得像阿杜一样赶上金价急涨。金价高了，还能拿去金店兑换成现金，小赚一笔。如果"只存不取"，多少年后，收益肯定可观。

事实上，购买黄金的时候就要考虑到回购，要注意回购协议和条款内容，弄清楚具体的回购渠道、价格和方式，实际上，大部分银行和金店的回购条件颇为苛刻。回购黄金一定要到有品牌、口碑好、规模大的金店或银行，其操作流程、成色检测及回购价格等都要透明规范得多，以免好不容易获得的收益被侵蚀。

如果是刚学会"开车"，拿到"驾照"，有资格"上路"了，可以练习一种门槛相对较低、安全系数较高的"开车"方式——纸黄金。投资人按银行报价在账户里买卖虚拟黄金，通过把握国际金价走势，低吸高抛，赚取波动差价，类似于股票交易。由于不涉及实物黄金的交收，交易成本也相对较低，可以小规模入市，长期持有。目前，美元纸黄金业务最小交易单位为1盎司，1600元左右可以做一笔交易；人民币纸黄金最小交易单位为10克，3200元可以做一笔交易。纸黄金是通过银行等购买黄金的凭证，不交割实物。其局限在于，由于是虚拟黄金买卖，没有实物黄金支撑，似乎是"纸上谈兵"的投资操练，而没有保值变现的功能，并不能抵御通胀风险。

虽然有资格上路，但鉴于车技一般，还不敢贸然开进复杂路况，则可以请个司机代驾。买黄金也可以找专业的理财师、投资顾问咨询指导，随时在专业指导下练习"车技"。这个阶段，可以选择的是现货黄金电子交易。与股票交易不同，现货黄金电子交易既可买涨也可以买跌，多空双向交易，金价每天都有一个最高价和最低价，逢高做空或者逢低做多都有获利机会，但必须严格控制止损，合理设置止盈。如同开车必须遵守交通规则一样，黄金投资同样需要遵守投资纪律，否则可能发生"车祸"。把握好黄金走势的基本面和技术面，及时掌握消息面——国际形势，稳定获利并不难。这种练习"车技"的交易，同样没有实物黄金的交割及提取。

终于等到自己"车技"娴熟了，且具备了一定的风险承受能力，大路小路、夜路山路、刮风下雨，都能快慢随意了，此时，黄金投资可以尝试黄金T+D等高风险、高回报产品。而至于黄金期货，通过保证金和杠杆效应，放大投资收益，同时也放大了风险，除非"车技"已经炉火纯青，否则还是不要贸然尝试黄金期货交易。

定存黄金

除了直接买入金条，阿杜还发现了一种更加简单方便的黄金投资之道——积存金，相当于懒人的基金定投，分为定期积存与主动积存两种。定期积存是客户与银行签订协议，每个月以固定金额买入、积存黄金；主动积存则是客户在任意交易日自行购买任意金额的黄金。假设投资人每月固定用500元购买黄金，系统其实并不是一次性购入价值500元的黄金，而是自动将500元平均分摊到每个月的22个工作日，每天购买大约价值23元的黄金，相当于以一个月内黄金的平均价格买入，避免了高位买进，也不用为了判断金价的低位而劳心费神，自然而然降低了投资风险。长期投资可以最大限度地平摊购买成本，不会受到某段时期金价剧烈波动的影响。

阿杜看中积存金的一点还在于它与实物黄金挂钩，在积存过程中可以随时赎回，兑换成实物黄金或者变现，黄金、现金、账户资产"自由兑换"。阿杜盘算着每存够10克黄金就换成小金条拿出来，攒够100克就换成一块大金条，再请银行代存，黄金也需要适时落袋为安。不过别忘了还有兑换成本，银行收取积存手续费和赎回手续费，积存手续费率为0.5%，赎回手续费率不高于1.5%。相比股票投资和懒人基金，积存金的手续费投入成本可不算低。

黄金理财产品大卖未必大赚

黄金大热的这几年，银行发行的和黄金挂钩的理财产品也大卖。在很多投资者眼中，黄金价格连连上涨，理财产品和黄金挂钩，收益率肯定也会飙涨，但实际情况却并非如此。对于挂钩黄金的理财产品，产品收益除了取决于黄金价格之外，还取决于银行对理财产品设置的条件。

挂钩黄金理财产品通常是结构性理财产品，结构性产品的收益主要看两方面，一是标的物的市场走向，一是产品的投资结构。

结构性产品一般都设定了涨跌幅区间，也就是设置了封顶收益率。这就是说，并不是金价涨多少，理财产品就能跟着赚多少。在合同约定的投资期内，往往约定如果国际金价波动维持在一定区间，则能获得较高收益；如果金价突破该区间，到期只能收回本金或仅有微小收益。这意味着，黄金价格波动过大，哪怕是一路猛涨，收益反而会更低。对这类产品，投资者应该首先考察银行对金价设定的波动区间宽窄，越狭窄，则到期零收益或低收益的风险就越大，金价涨得快并不一定是好事。

而对于银行承诺的保本产品，风险虽小，但也就不能期望高收益了。

大部分银行不允许投资者提前赎回挂钩黄金理财产品，即使中途已经确定是零收益或低收益，也必须持有到期，所以，挂钩黄金的理财产品要慎选。不要以为金价涨了就一定能赚，别等"锁定期"一到，这笔资金早被CPI甩在了身后，根本跑不赢。

表7-1　黄金投资优势

优势	说明
产权转移的便利	假如你爸妈手上有一幢住宅和一块黄金，当你打算从爸妈手中接过这笔资产的时候，你会发现，将黄金转移很容易，你拿走就可以了，但是住宅就要费劲得多。
世界上最好的抵押品种	你完全可以把黄金进行典当，之后再赎回。
保值	黄金由于本身的特性，虽然会失去其本身的光泽，但是其质地根本不会发生变化。
对抗通胀	黄金会跟随通胀上涨。
黄金市场很难出现庄家	任何地区性股票的市场，都有可能被人为性地操纵，但是黄金市场却不会出现这种情况。
交易时间灵活	国内黄金投资一般有时间限制，但外盘（美国、伦敦等）就没有了。
税收优势	黄金可以算是世界上所占税项负担最轻的投资品。

08

人不一定会生病，但一定会老去

○ 给自己一份30岁的生日礼物 ○

时间：2012年6月16日 21:00

地点：上海古羊路金台湾茶馆

采访对象：某中外合资人寿保险公司业务代表 Helen（海伦）

再过几天就是卡眉的30岁大寿了，送一份什么大礼给自己？卡眉想来想去没有方向。"亲爱的，多爱自己一点。"去年生日时阿杜的祝福回荡起来。给自己买份保险，算是爱自己多一点吗？卡眉想起了本想在跨年时送给自己的新年礼物，这左拖右拖就拖了大半年，到了30岁关口，眼看生日零点一过，可就又长了一岁，保费可是相差不少呢。要不要冲一冲？卡眉又做起了挑战各方的事。她火速约了一个中外合资保险公司的朋友Helen晚上面谈，还叮嘱对方带好证件、电脑、资料，等等，并诱之以"合适就签单"！

晚上9点，两人出现在茶馆中，Helen听到卡眉"迫不及待"的动机之后，乐了："人家都是冲业绩，没听过要冲保单的，不过，你倒是能帮我冲一把业绩。"

"不能再拖了！"卡眉一见面就十万火急地表态。一方面，年长一岁，年缴保费虽只相差一两百块，但缴个20年下来，也是一笔不小的金额；另一方面，卡眉着实看到了未来保障的紧迫性，好朋友朱太一个小小的妇科手术万把块的医疗费，医保只能承担60%，自己除了要支付近一半的医疗费用，还要损失工作绩效的收入，都不敢多休养几天；而同事做一个甲状腺结节手术，用"医保＋商业医疗保险"组合全部搞定，不仅住院手术费用全覆盖，而且还有一个星期的"误工费"——住院补贴可以领。这不得不让卡眉认识到商业保险的力量。

生日礼物事小，未来生活保障，事关重大。

留给亲人享用

"年轻什么都便宜，这倒没错，但冲动买保险可是大忌！"Helen反而并不急于推销自己的保险产品，朋友嘛，总不能看着卡眉冲动之下乱作决定。毕竟，一份保单将要伴随你很长的人生。

Helen拿出电脑，一边在公司系统里输入卡眉的基本资料，一边细致询问着卡眉的具体需求，对于卡眉不能理解和概念模糊的部分，她颇有耐心地行使着"扫盲"的职责。

在了解了卡眉的真实年龄、工作性质、收入状况，以及未来的长期规划、年度规划、目前投资理财状况之后，Helen先是给卡眉介绍了一份主险——康福今生两全保险，保额20万元，缴费20年，保险期至70岁，其中包含了全残保险金、身故保险金、生存保险金及满期生存保险金的内容。

"不太懂。"卡眉皱起了眉头。

　　"就是说，你每年缴这么多钱，连续缴20年，到70岁之前，如果出了大事，保险公司会给你20万，如果平安活到70岁，可以领回所有缴费。"

　　这份主险保单自生效之日起，年缴2788元，缴费20年，如果在保险期间（至70岁）全残或身故，则保险公司给付20万元保险金；作为主险保单的主要附加险——康福今生重大疾病保险，每年缴费2642元，也是20年。如果在70岁之前，初次罹患附加险合同内所界定的46类重大疾病中的任何一种，保险公司不仅会支付重大疾病保险金最高20万元，还会给付额外的重大疾病康复保险金6万元；而至70岁时，如果仍然健在，可以领回满期生存保险金，即20年来所缴的两项所有保费金额10.86万元。

　　"你觉得怎样？"Helen看着卡眉有点顾虑的神色问。

　　"70岁到期会不会有点早？到了70岁，反而任何保障都没了？"

　　"70岁还能领到一笔零花钱，当然选70岁取出来花掉。"坐在一旁一直插不上话的慧妮终于开口了。

　　"到了70多岁，会不会既想要保障，又想要'零花钱'？"卡眉真是贪心有余。

　　Helen立马在网页上修修改改，几分钟时间又给卡眉设计了一份终身寿险：年缴5820元，连续缴费20年。这回保障是终身的，任何时候万一不幸身故，保险公司都会给付20万元，留给家人；如果不幸患上保单罗列的46类重大疾病之一，一旦确诊，也会先拿到保险金20万元，用于治疗。

　　是把20万保险金留给活着的家人，还是70岁的时候拿给仍然健在的自己花掉？卡眉有点左右为难。的确，你要考虑的是，现代人越来越重视保养和健身，生活质量不断改善，身体状况越来越好，各地报出的平均寿命每年都在延长，70岁并不是一个高寿的年龄。以上海地区为例，2011年上海人口预期寿命为82.51岁，而其中女性又远远高于男性，预期寿命84.8岁。到了70岁，还有一段比较漫长的路想要健康、快乐、有尊严地走。

而过了70岁，很有可能身体的下坡路会走得更快，出状况的几率也比之前要高很多，这时候拿回保费，似乎没有起到保障的功效？ 70岁到期的确有点早，然而，目前众多保险公司的寿险产品中，除了终身寿险，在身故之后保险金留给受益人，其余定期寿险基本都是到70岁止。从这个角度来看，卡眉其实没得选择，最多是想好付出的成本将来是给自己，还是留给亲人享用。

如果70岁时保费全额取回，除了损失掉这几十年的利息收益，还有被几十年通胀吃掉的可能。到时，拿着被通胀吞噬的保费，恐怕真的只够当做零花钱用了。

卡眉似乎对终身寿险有点动心。

活着时享受

初步确定了主险内容，终于可以设计附加险了。大部分附加险都是消费型保险，保险期一年，一次缴付。所谓消费型保单，可以理解为一种消费，花了就花了，如果没有出状况，保费缴了就不返还，一年期满，可续保，保费会随着市场情况上调。消费型保单是你活着的时候可以享受到的保障，因此要仔细考虑自身需求，自己不能确定的时候，要请保险代理人帮忙分析，提供专业意见。

卡眉向Helen表达了自己的需求和担心，比如考虑到身体可能会出些小状况，做个小手术，或者日常感冒发烧、输液打针之类的常规保障，在医保支付部分通常是60%费用的情况下，Helen为卡眉组合了4个附加险——意外伤害保险、意外伤害医疗保险、每日住院补贴医疗保险、住院费用医疗保险，保险期均为1年，保费一共872元，总保额12万元加上每日住院补贴100元，日常保障基本齐全。

最后，在这份专为卡眉量身定制的《综合健康保障计划》中，卡眉每年需要缴付6302元，完全控制在卡眉的预算范围内，而保额总计最高为38万元，作为一生中的第一份保险计划，保额基本足够。

"那你要不要冲一冲，给自己一份生日大礼呢？"Helen希望以自己的专业和经验为卡眉定制的完美保障能够被接受。

然而，卡眉还是犹豫了，开始时无知者无畏，一番了解之后，她发现保险的学问真是不少，匆忙签单只会匆匆了事，毕竟合同一签，至少要缴20年，中途后悔再退保更是得不偿失。卡眉于是想再约几家保险公司，货比三家，可能会选到最适合自己的一款。

卡眉大寿前的冲刺，暂告一段落。

○ 保险，你一定要懂的事 ○

正视风险

其实，对于卡眉的主动投保，Helen还是有点意外。她后来讲，刚一听说卡眉主动要求买保险，她的第一反应是：为什么？她想干吗？她出了什么状况？她要骗保吗？一大堆疑问足以可见保险的地位即便在保险从业者眼里也还是显得尴尬。在Helen这个专业的保险人士看来，对保险的认识以及认可，要从"正视风险"开始。

在Helen的工作程序中，"正视风险"是从一系列问题开始的。

不管单身还是结婚，如果哪天自己生病了，身边没有人，谁能来照顾你呢？

如果因为生病住院，请假误工，谁来补偿你的收入损失呢？

不幸生一场大病，如果医保不足以支付治疗费用，那你要从哪里找回这部分支出呢？

婚后，如果自己病倒了，先生要请假来照顾你，那谁来维持一家生计呢？

如果自己比先生长寿，子女又有自己的事情要忙，那谁能来照顾你的晚年呢？

一连串问题下来，你开始对自己的未来人生有点担忧了吧。未来有那么多不确定，有那么多风险，也有那么多意外，谁来保证你平安度过呢？又怎能给现在的自己一份安心？认识到这一点，说明你开始"正视风险"了。而保险就是给你可能出现的风险一份保障，让你在风险突发的时候，能够将风险分散，平安度过，而生活质量不发生变化。通过一份保险合同，将风险和意外转嫁给保险公司，自己和亲人可以得到保障和安心。

保险到底要保什么？"你担心什么，就去保什么。"就是开始关心人生中许多的万一：生病、误工、失业、意外、伤残、重大疾病、身故，等等。

当Helen听了卡眉的"深思熟虑"之后，她确定了卡眉并非一时心血来潮或者听人"蛊惑"，而是真正考察过保险的功效、梳理过自己的需求，并对长远的人生有大致的预期和规划。

很多商品都是在需要的时候买，只有保险是在不需要的时候买，在需要的时候用。

保险越早"买单"越好

既然当下签不成单，Helen和卡眉就聊起了闲天。在Helen的单身女性客户中，二十三四岁是开始买保险的年龄阶段，基本处于工作站稳脚跟，着眼未来规划的起跑期；到二十七八岁是单身女性集中购买保单的高峰期，在这两个常规的购买高峰阶段，单身女性会以购买保障险居多，主要包括终身或定期寿险，配合以健康险、医疗险、意外伤害险等消费型保单，而到了结婚生育阶段，女性又会补充另外的保单，比如孕期保险、生育保险等。所以说，保险计划不会一步到位，"一单定终身"，而是随着人生阶段的展开，及时调整和补充，满足不同人生阶段的保障需求。

购买保险是一个不断增加新保单、调整旧保单的过程，调整的时期通常是在人生的重大时间点上，比如跳槽加薪、升职、结婚、怀孕生子，等等。当然如果结婚了，你就要让老公多买保险，受益人当然是填上你的大名啦。

说保险越早"买单"越好，这并不是保险业务员的营销策略，而是因为保险费的费率计算的确跟年龄有关，购买同样的保障，投保年龄越小，所需的费用就越少。现在大部分寿险都是长期甚至终身保障，一经投保就可以享受保障利益，当然投保年龄越小，享受的保障时间就越长。如果想保障的同时又能享受分红，现在很多寿险都设计有分红功能，分红是以复利计算，越早投保就能越早享受分红收益，时间累积越长收益越丰。

并不是每个人想买都能买保险的，每一份保险计划条款都明确写有投保条件，对健康要求和年龄要求有明确规定，越是年轻越容易通过保险公司核保，在一定保险金额下根本不需要体检，而年龄稍大除了会被要求体检，万一身体有些许问题，很可能会被要求加费承保，甚至被保险公司拒保。像卡眉这样的年龄投保，保险业务员只需简单的资料核对，通过保险公司系统规范合同签约，电子保单隔日就能生效。

宏观一点而言，将买保险这样的个体事件放在经济社会的大环境中，经济社会进步、消费水平上升、通胀的长期趋势之下，保险产品的更新换代必然裹挟着费率的调升，相同保障晚几年投保，付出成本可能多出不少。既然打算买来保障，那么别拖，学学卡眉，如果可以就"冲一冲"。

人的一生，风险无处不在，明天和风险哪个先到，无法预知，早做准备，才能从容面对风险的到来。

慧眼识珠

保险市场鱼龙混杂，相比保险产品线的丰富程度、保费高低、保险代理人队伍大小，保险公司的口碑比什么都重要，财务稳健、公司形象良好的保险公司才能入选。无论中资、外资，能保障你未来的就是好公司。

眼花缭乱的保险产品、看不懂的保险条款、分辨不清的保险名词、变化多样的保险组合、复杂难搞的费率计算……稍作研究头就变大，干脆只控制一个预算，其他全部放手？或者迫于人情压力，在一知半解的情况下签约了事？卡眉有过这样偷懒的想法。

不少人可能像卡眉一样，一开始无知者无畏，在保险代理人的忽悠下，很可能一时冲动瞬间签单，所以，中国保险监督管理委员会规定了保单签收后有10天的冷静期，投保人可以无条件退保。冲动之后，你还有10天时间犹豫，还有一次机会反悔。

其实，你不必搞懂这一切，只需要有一个信得过的保险代理人。

所以，选择一个专业可信的保险代理人，是非常重要的一步。

第一次与保险代理人面谈，先要验证代理人的资质水平。各种所谓的"保险理财规划师"并不完全可信，正规的保险代理人必须具备《保险代理人资格证书》、《保险代理人展业证书》。不要不好意思，双证齐全再开始详谈，还要留心代理人名片上的资格证编号和展业证编号，回去向保险公司客服中心查证核实。保险代理资格只是基本门槛，国家理财规划师（CHFP）、注册金融分析师（CFA），专业资质更过硬，如果你对专业性要求比较高，在和保险公司预约代理人的时候，不妨提出资质CHFP或CFA的要求。

过了资质关，再来观察保险代理人能否针对你的需求及财务状况，为你设计出你想要的保险组合。如果一见面就先问你有多少预算、今天会不会签单，并不关心你的收入状况、工作性质、婚姻状态，而是一个接一个地介绍产品，那你就不用考虑了，赶快换一个保险代理人吧。

优秀的保险代理人会专注于聆听你的要求，在尽可能充分了解你的需求和财务状况之后，开始设计方案，并随时询问你的接受情况，调整他的设计。其实，大多数人并不清楚自己要买什么样的保险，专业的代理人能敏锐洞察客户的真实需求，提供专业意见，做出真正适合投保人的方案与建议。

到了解释保险条款的阶段，除了讲清楚保险责任，专业的代理人应能主动向客户介绍保险条款中的责任免除，而不是一味规避；对于保单的观察期、犹豫期、宽限期等时间概念，减额缴清、保单贷款、自动垫缴、可转换权益等专业名词，费率调整、投资收益率、分红的不确定性等保险利益解释，专业的代理人都需要能够清楚阐释、有问必答。

在对代理人的专业性认可之后，信任就有了基础。培养信任是个有点长的过程，由于寿险多为长期保险，保险代理人与投保人将建立和保持一个长期的联系，诚实、可靠、有责任心的代理人，彼此信任、沟通顺畅，都是保险合同关系延续的保证。

那天，当卡眉作出暂不签单的表示之后，Helen一句"没什么，只好宠着你啦"让卡眉心里似乎作出了选择。

租房 or 买房

名目繁多的保险产品都可以归类为消费型保险和返还型保险。

消费型保险，更多是一种消费，希望买到价廉物美的商品，用最少的保费买到尽可能多的保障。买消费型保单就好像租房子居住，定期交租，金额不高，该有的都有，但是房屋所有权不属于自己，工作的一部分是给房东打工了，合同一年一签，可以续租，房租可能会每年调整，但通常是涨价，很少见到向下降。消费型保险同租房一样，就是纯粹的消费，阶段性消费完毕，相关保障服务也随之结束。

相比较而言，返还型保险比较"实惠"。怎么讲呢？投保人往往希望能够在不出事的时候，把钱还给自己，最好还有利息，万一真出事了，就赔多一些。返还型保险好像自己买房居住，每月按揭费用比房租可贵多了，而且按揭一缴就是二三十年，但房子所有权在自己手里。长远来看，买房是理性选择，也是明智的投资之举，就好像带有现金返还功能的保单，不仅提供相应保障，还可以兼具储蓄或投资的功能。

通常，保险预算最好在年收入的十三分之一到十二分之一，以不给日常生活带来负担为准，很多白领女性都是在年终奖到账的时候缴付当年保费，之后"全年无忧"。

当然，租房还是买房，全看你所处的人生阶段。在人生的特定时期，比如刚入社会，经济能力有限、工作不稳定、工作地点不固定，或者你是"空中飞人"，选择先租房是明智之举，这个时期购买保险"租"比"买"好，消费型保单比例可以定得很高，通过较少的保费获取较高保额。

买对不买贵

保险向来复杂，即便专业的代理人为你量身定制，你可能还是不知道如何下手。

在定制保单之前，你和保险代理人需要弄清楚的是，你的预算是多少？你的需要是什么？买保险的目的，是保障未来？是出事补偿？是做定期储蓄之用，兼享受投资收益？还是留给家人一份保障？明确了需求，再请保险代理人为你量身定制一份综合保单。

Helen的专业建议是，先购买寿险、健康险、医疗险、意外伤害险，之后陆续再买养老险、分红险、投连险等。

在综合保单计划中，终身寿险常常作为主险保单出现，当被保险人发生身故或全残时，保险公司给付保险金，保险期限为终身。相比定期寿险，终身寿险的保费要高，但必然给付，就是说只要缴满期限，无论如何都能获得保险金，给家人留下一份生活保障。

除了寿险，在保单计划中，健康险也是不可或缺的内容，常常作为主要的附加险出现，健康险包括住院医疗险、重大疾病险、癌症险、女性保险等。其中，又以住院医疗险的保障范围最广，不论是哪一种情况的住院，意外、疾病等都可以获得理赔。因此，可以依照自己经济能力从住院医疗险、癌症险、重大疾病险、女性保险的顺序买起。

那么多少保额算够呢？通常比较合理的比例为保费支出不超过年收入的十二分之一，保额则为年收入的10倍。例如，月收入6000元，则年缴保费不超过6000元，保额规划为72万元，所拥有的保障可以包括：寿险保障30万元、意外险20万元、癌症险20万

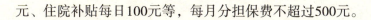

元、住院补贴每日100元等，每月分担保费不超过500元。

表8-1　传统寿险保单分类及特性

寿险名称	类型	特性	适合族群	理财规划
终身寿险、定期寿险	平准型	保额固定	无寿险保障、社会新人、预算有限者	强调最基本的保险保障功能
	增额型	保额可复利递增	上有高堂，下有子女的"夹心族"	选择保障具增额效果的保单，避免通胀侵蚀保障
			中高年龄的高资产族群	实现资产保值及持续增值
储蓄型定期寿险	还本型	保险公司定期定额给付生存保险金	月光族、定存族	通过定期定额缴交保费来达到强迫储蓄的功能；同时在投保一定期间后，开始依保额的一定比例，定期定额领回投资收益
			子女教育规划需求者	可将领取的生存保险金作为子女的教育基金
			退休规划需求者	可将终身定期给付的生存保险金当做退休养老金
	养老型	保险期间届满，保险公司一次给付满期保险金	高年龄的高资产族群	达到保全资产的目的
			定存族	类似定存产品却可创造比定存更高的报酬率，达到短期储蓄的功能

买保单不是一劳永逸，不可能"一单保终身"，保单一定要逐年检视并作调整，以了解自己在不同阶段最迫切需要的保障在哪里，避免保单过多又不太必要。

爱情"保单"

那天，Helen对卡眉人生的一番大体检，让卡眉有点心慌。谈到填写受益人的时候，卡眉想起了《非诚勿扰II》的情景：秦奋在自己保单的保险受益人里填上了笑笑的名字，这情景会让每个女孩子感动吧。虽然，爱情和保单不能画上等号，但是，在保单上填上自己心爱女人的名字，那不就是"我爱你"最好的保证吗？

每年的情人节、七夕、光棍节，保险公司会借此噱头营销"爱情保险"。一份保单可以保证爱情不变质、不死亡吗？事实上，爱情保险其实是一种夫妻双方共用的连生保单，用一张保单承保夫妻双方的寿险，夫妻双方同时是被保险人，也同时享有受益权，一张保单包含了两人的意外或疾病身故保险金、意外伤残保障、身故保险金以及分红等，与传统的分红终身寿险没有根本区别，但吸引力在于，夫妻双方同时投保一张保单，"1+1<2"节省保费，且婚姻越持久，享受的分红收益越高，保障与养老兼顾的同时，也会对夫妻的爱情作出见证。以2011年11月11日光棍节营销的一款爱情保险计划为例，夫妻双方互相投保，若恩爱，夫妻两人可以分别享受20万元保障，确保未来30年同甘共苦；若离婚，则无法享受保障。

也有保险公司设计出专门针对婚姻保障的保险产品，且被保险人只能是女性，生存金、到期保险金、分红等保单利益全部约定归属女性。悲观主义者认为，夫妻关系是最不保险的关系，爱情保险或许可以给夫妻关系更多一层维系。

爱情是无法保障的，爱情或成长或变质或死亡，与保险公司无关，面临风险了，也只能风险自负。与其投保一份爱情保险，不如在保单受益人一栏端端正正写下爱人的名字。

用保单规划人生不同阶段

买保险无法一步到位，也无需一步到位，一次做足所有保障是不可能完成的任务。在生命的不同阶段，我们面对着不同的责任和风险，也就需要不同的保单配置。生命在成长，保险计划也需要阶段性地调整和补充，所以到最后，每个人手里有多张保单并不稀奇。

Helen又为卡眉义务开出了人生四个阶段的保单规划。

单身期。如今的"85后"、"90后"，刚入社会工作不久，没结婚又基本没有家庭负担，虽然薪资收入尚不厚实，但也没有负担父母、供养家庭的大额开销，应重视的是自身的意外和医疗类保障，强调最基本的保险保障，可考虑购买一定数额的定期寿险，万一发生意外，可得到比较充分的赔偿用于治疗和度过难关；而万一身故，可为父母留下一笔保险金用于晚年生活。定期寿险是提供固定期间的保障，10年、20年或者被保险人达到某个年龄为止，保险期间内，如果被保险人不幸身故，保险公司将给付保险金；如果保险期结束时，被保险人仍然生存，保险公司并不给付保险金，也不退还保险费，保险合同到期终止。定期寿险似乎既没有"消费"也没有"返还"，但它的吸引力在于，保费相比其他寿险产品要低，可以用较少的保费获得较高的身故保障，因此比较适合收支结余不多、事业起步阶段的单身一族，万一发生不幸，也可给父母一定的经济保障。

如果收入尚可，还可以考虑购买重疾险，随着年龄增长，重疾险保单会越来越有用。总之，年龄越轻保费越便宜，应早作打算，别忙着打拼，忽略了保障。

结婚初期。刚刚步入婚姻殿堂，此时，家庭责任感逐渐形成，夫妻双方也正处于事业和收入的上升期，同时，小两口对双方、对父母都承担着责任，这个阶段，应选择保障性高的终身寿险，附加定期寿险、意外伤害险、重疾险和医疗险。如果条件允许，可以购买适量的两全保险，储备孩子的教育金及自己的养老金。两全保险同时包含身故给付和生存给付，因此同时具有保障和储蓄功能，其中，身故保障与定期寿险、终身寿险差不多，但其生存保险金可以用于未来教育、养老等支出。由于两全保险保费相对定期寿险和终身寿险都要高，因此，Helen建议结婚初期，保险组合的"标准版本"应为：终身寿险+重疾险+意外险+医疗险，之后再加上两全保险。

家庭成长期。婚姻步入成熟期，自己也一步一步走向中年，上有高堂、下有子女，外有工作升职压力，内有房贷车贷压身，家庭责任重大，是时候为自己构筑充分的保障了。这一阶段的你承载着对家庭和父母的责任，而事业与收入也处于相对稳定的高峰期，此时要考虑家庭、家人健康的双重保障，选择适当的健康险尤为重要，首选重疾险，同时，为自己购买保额较高的寿险、意外险和特殊疾病险，再配置以住院医疗险和住院补贴，万一发生意外，可使家庭和父母得到一定的经济保障。

退休期。人生说慢不慢，步入退休期这个阶段，一般的保障保险已不宜购买，原因是这一阶段各种保险费率都很高，养老主要依靠自己早年积累的健康保险金和两全保险金，还有保单分红等，如果觉得不够，也为了减轻子女负担，可以投保一些保费不是很高的意外伤害险。Helen建议退休期的保险组合为"意外伤害险+意外医疗保险"比较合适。

○ 估算未来，早点退休 ○

年轻是本钱

"现在就要想退休的事了吗？"跟着卡眉定保单的那个晚上，慧妮疑惑地问卡眉。

"当然，你以为还早吗？等退休再想退休的事，什么都来不及了。"卡眉正在努力帮一个刚入社会工作的同学建立早点退休的观念，难度似乎有点大，"而且，早点退休不好么？"

对于工作刚刚起跑的慧妮来说，这个念头显得突兀："我还想干好多好多事呢。"不过，不管你有没有退休意识，年轻时着手规划退休生活肯定没错，因为你要给自己多点时间准备。

年轻是本钱，在养老规划中，年轻同样具有优势。时间加上复利的魔力，养老规划应该在还年轻时就启动。退休不是老年人的专利，退休理财永远不嫌早。

"我不一定会生病，也不一定会发生意外，但我一定会老，一定会有退休的那一天。睿智的我当然不会相信退休后政府、公司或孩子会养我，看来做一个二十年计划是有必要的。"

人生最大的悲哀是什么？

钱花完了人还没走。

估算未来

对于慧妮的疑惑，卡眉给慧妮做了一份测试题，借用香港强制性公积金计划管理局的"退休需要计算机"，先来算算你需要多少钱养老。

首先是预计你退休后每月所需的生活开支，这个数字是如果你现在马上退休，希望每个月有多少的生活费，包括衣食住行及医疗费用等。可以想象的是，退休时，房贷应该已经缴完，也不用再负担子女学费，但其他开销，比如旅游、医疗支出会增加，所以退休时每月所需的生活开支，至少要在现在收入的八成以上。接着，真实填写自己的现实年龄、预计退休年龄、预计寿命、预计退休后各项投资的投资回报率（包括资金定存所得利率及其他投资回报）、预计通胀率，之后，系统会测算出你在退休后的每月开支，以及退休生活所需的总金额。

慧妮"保守"地想象了一下，以今日值计算，假设退休后每月生活花费5000元，今年25岁，希望55岁退休，假设活到85岁，预计退休后各项投资年回报率10%，加上预计通胀率5%，计算结果令慧妮大叫一声——以今日值计算，退休金需要93万元，而以将来值计算，则达到了400多万元！而以将来值计算的退休后每月开支也"涨"到22000多元。

这回触目惊心了吗？退休之后，不出现大的意外的情况下，你还需要四百多万人民币生活，在可以想象到的不远的将来，逐渐退出历史舞台的你还可以每个月赚到2万元的收入，直到85岁吗？如果靠存钱，要存多久呢？

活得太久，钱花完了，该怎么办？

"你还有30年时间。"卡眉提醒慧妮，人不可能活到老，赚到老，但你可以利用养老规划，活到老，领到老。

打造退休存折

用商业保单的方式规划养老，准备养老金，真的有机会活到老，领到老。

年轻时的养老规划，首先要把基本保障做足，养老、重疾、意外、医疗保障配置到位；到了一定阶段，想为养老金"添砖加瓦"，就要展开投资理财。要投资又要稳妥，虽然不期待很高收益，但总要有增值功能。这时，分红型保险可以作为备选项。

趁热打铁，卡眉继续为慧妮"扫盲"：分红保险主要投资于债券、银行协议存款等固定收益类产品，在长期的通胀预期下，这部分投资收益会随着银行加息而逐渐走高，从而提高分红险的投资回报率。不过，分红险仍然有投资风险，其风险在于保险公司分红收益率一年公布一次，反应相对滞后，而在目前通胀的长期预期之下，定存利率处于上升通道中，分红险的未来收益其实存在一定的不确定性，长期而言，可能会动摇你投资配置的决心，不少人会难抵其他投资工具的诱惑，而中途退保。

目前，分红险的最高预定利率，即保底收益率上限为2.5%，而在2012年6月8日央行最近一次加息后，一年期定存利率已达3.25%，3年期定存利率4.65%，5年期定存利率5.15%。这意味着，在跑赢通胀的过程中，分红险已然失色。保守起见，要想作为养老金储备中的长期配置内容，需要稍加"改善"，为保单作出组合的安排。

以卡眉的年龄计算，参考中国人寿一款两全分红保险，基本保额10万元，缴费20年，年缴保费13890元，其"保障+分红"达到6项，包括：每三年可以领取基本保额的8%就是8000元红包，直到80岁；到80岁可以领取基本保额的3倍即30万元养老金；80岁前12种重大疾病保障30万元；还有，80岁前最高风险保额也高达30万元；保单还可预借现金价值70%做应急金；最重要的，每年享有保险公司的投资收益，复利累积，也就是分红收益。

这是将定期寿险与分红险进行组合的保单安排，其实，分红险的长期保障功能才是它的基本功力所在，比它的短期投资效益更值得重视。

还有一种可以让"清水变鸡汤"的寿险产品——年金保险，它也是活着就可以领回保险金的养老保险产品，通常每年缴付，退休后每月领回，相当于定期定额储蓄，若干年后，再定期定额返还。

享受分红与投资

如果觉得分红险不足以满足你对投资收益的要求，那将分红险嫁接万能险，或将分红险组合投连险。分红险返还的生存金转入万能险或投连险账户，由保险公司专门用于投资，以获取更高收益。

万能险之"万能"，在于投保以后，你还可以根据人生不同阶段的保障需求和财力状况，变动保额、保费及缴费期，调整保障与投资的最佳比例，让有限的资金发挥最大效用。万能险中，保费在扣除初始费用、账户管理费等之外，剩余保费被分成两部分，一部分用于保险保障，另一部分单独设立账户，专门用于投资，提供保底收益，最终收益取决于保险公司的资金运用水平和综合管理能力。

投连险与之类似，投资者缴纳的保费，一部分具有保险的保障功能，另一部分则与保险公司投资收益挂钩，投资者享有全部投资收益，但同时承担投资风险。投连险在投资型保单中，属于最为积极的一种，需要有一定风险承受能力。投连险没有保底收益，实际投资收益与投资者选择的投资账户收益直接挂钩，保险公司也不承诺投资回报。

假设，你一次缴付1万元保费，其中2000元作为寿险保障，8000元进入投资账户，如果投资获利就"落袋为安"，如果投连险联结的基金净值下跌，投资账户亏损，则要自己独自承受损失。

虽然年轻是本钱没错，但卡眉并不建议慧妮现在就买投连险。在没有太多闲钱的阶段，投资收益不确定的同时，还有可能卡死当前的现金流，到时候，可能会"赔了夫人又折兵"。

表8-2　传统型保险与投资型保单比较

比较项目	传统型保险	投资型保单
保费缴纳方式	定期定额	可以不定期不定额
保险金额	固定	不固定
投资资产	一般账户	一般账户及分离账户
现金价值	保证	通常不保证
资金运用方式	无法自行选择投资标的，保险公司全权运用保费收入投资	保单所包含的标的中自行选择投资组合
投资风险	保险公司承担投资风险	投保人自行承担投资风险
费用透明度	不透明	透明

09

另类投资，尝鲜的"代价"

你能把兴趣换成真金白银么？

普洱茶——喝出来的投资

话说，薇薇下海开店已经有5个年头了。当年圈子里的"大事件"，如今早就演变成成功转型商界女强人的典范，从"薇薇老师"到"薇老板"，从"淡水清茶"到"人口普茶"，再到"薇茶馆"，一路走来，从放弃安逸生活的那天起，薇薇就走上了自己打拼的战场，直到蜕变。卡眉她们称她是宇宙超级无敌女超人的鼻祖，薇薇有过之而无不及。

已经有点老板范儿的薇薇，还是那样风风火火地来，风风火火地去。这不，她召集大家周末下班到她的"淡水清茶"小聚，5年、10年普洱老茶品过好几泡了，茶点小食也吃得差不多了，她人还是没到。大家见怪不怪地聊着八卦，对她的迟到行径从来都很"理解"，因为在她奔赴一件事的路上，总会遇到突发奇想的第二件事，在办着第二件事的时候，又会有第三件事旁敲侧击地出现。这就是薇薇，永远只恨时间太少。你看，店员小姑娘等着打烊的点上，白色Mini Cooper急速停到窗前，她人几乎是冲着进来，两瓶红酒在手："就知道你们茶品得差不多了，尝尝我刚领的酒。"

喝茶、品酒、海阔天空地聊八卦，这是薇薇几个女人最肆无忌惮的放松方式。在淡水路上，淡水清茶间，外面喧嚣的世界被全然隔绝，这样一间悠然的小小茶馆，装载着几个都市女人的欲望和时光，无论怎样都是惬意的。

而喝茶喝出的兴趣，竟也成就了薇薇在"商界"的一席之地。

2006年前后，突然流行起了喝普洱茶，原本就爱茶的薇薇，更是被熏染得如火如荼，已经到了"君不可一日无普洱"的境地。薇薇是个矛盾体，性急干练却很爱品茶，风风火火，股票却做得稳扎稳打，一动一静、一热一冷之间，或许早就铸成了薇薇商界人士的性格特质。

在观察和市场调研了几个月之后，薇薇报名参加了茶道学习班，一上就是3个月，并很快轻松考出了茶艺师资格。按部就班的公务员工作，越来越变得无法忍受，薇薇每天早上一走进办公室，就盼着下班后的茶馆小聚。那份惬意的诱惑，时刻勾引着她。那段时间，薇薇喜欢带着自己收藏的普洱到熟悉的茶馆，请朋友品茶。这样努力忍受到2007年春天，薇薇和大家宣布："我辞职了。"在座的都跌掉了眼镜，但是很快，大家都接受了这个事实——她是薇薇，有什么是想不到的呢？

可奇怪的是，薇薇辞职后做什么呢？

"我要开茶馆。"薇薇的决定掷地有声，在品茶习茶的这段时间，薇薇也没只顾着享受，她悄悄收藏了不少普洱茶。"我现在囤的茶足够开一间茶馆，维持半年不成问题。"薇薇颇有底气。"原来你是早有预谋？"众人拷问。"才没有，原本只是想囤上好茶给自己喝，还有给你们喝啦，后来发现普洱越炒越高，用来投资也不错，万一赚不到钱，还能留给自己喝。"薇薇一开始真没想到自己开茶馆做老板，只是越喝越上瘾之后，就不满足于只是品品而已，想对普洱茶有更深入的了解，也想考察一下普洱茶投资的成本与收益到底怎样。

薇薇特地跑去云南普洱当地考察，作为曾经茶马古道的重要驿站，这里至今仍是普洱茶最重要的产地。不过，此时的普洱产地，已经不单单是为了满足喝茶而存在的。在云南当地，早已经有茶老板推出类似"茶业银行"的概念，即买茶可以不用提货，放在仓库里存着，按照每年价格递增20%~30%回收。而这时，新茶一到，老茶价格就翻涨，一日一价。当地茶老板和薇薇说，巅峰时，买茶就像买期货，根本没有质量可言，普洱品质与价格是脱节的。还有茶厂工人和薇薇这样说，只要找到茶叶，压成饼，就能卖钱了。

其实，当时的普洱茶市场已经积压了大量库存，有的有价无市，有的无价无市，薇薇觉得风险可能正在积累。因为，她在普洱当地感受到的是，大家不是想买茶，而是想卖茶，买茶不是为了喝，而是为了赚钱。

2003年，茶老板的增值回收诱惑下，人们买茶，放着，是为了升值；2006年，新茶炒作，人们买茶，放着，是为了升值；后来，厂家开专卖店，控制渠道和终端，在出厂价与市场价的价差诱惑下，人们买茶，还是放着，还是为了升值。反正，都是买茶，都是放着，都是为了升值。如此"升值"诱导下，普洱茶的产量、销量无限放大，没有人注重茶的品质，因为不会拿出来喝，茶也不会被消耗掉，库存依然在。

以著名的澜沧古茶"0085"为例，从2000年至2008年共生产了4批，分别是2000年、2004年、2006年和2008年。"0085"选用景迈山1800多年乔木古树茶为原料，因为原料有限，每年限量生产，是真正的普洱茶人士都不会错过的收藏之品。2000年第一批"0085"上市，市场反响不大；2005年初，"0085"每千克大约卖300元，而到了2005年下半年，"0085"的卖价已经突破每千克千元大关；2006年3月时，"0085"上涨到每千克3000元，2006年下半年，每千克涨至5000元以上，5年时间，"0085"涨幅超10倍。

有什么投资是可以5年收益超过10倍的呢？夸张的涨幅仍在吸引资金靠近。

然而，任何投资追高买入都是在买入风险。此时，再追高买茶几乎赚不到钱，没有人接盘，市场自然是时候停下来了。

在亲临现场感受到狂热之后，薇薇冷静下来，认识到投资普洱茶终究是有风险的，除了受到茶叶年景好坏的影响，还要跟着游资随时准备撤退。更何况到了2007年年初，普洱茶价格已经出现了下跌的迹象，追高炒作普洱茶终究不是一个可以长远打算的投资事项。不如自己开间茶馆吧，看到好茶，就囤起来投资等升值，市场走跌，就拿茶出来经营。"所以，前提是，我从不买差的茶，只囤好茶，茶馆也是同理。"爱茶之人，不能容忍烂茶充数。

果不其然，10年的普洱茶热潮，最后以2007年年底泡沫破裂而告终，而此时，薇薇的"淡水清茶"已经步入正轨，淡然地流淌在普洱的醇香之中。"如果你真的着迷普洱，藏几饼，品一生。"——摘自薇薇语录。

左手普洱，右手红酒

左手普洱，右手红酒如何？是否可以堪比左手房产，右手黄金的阿杜？

在配置好股票、基金、房产之后，下海开店的薇薇，开始大胆放飞心情，想要投资自己感兴趣的领域，比如红酒。

薇薇一直坚持的投资理念是：自己不懂的不去碰，反之，自己喜欢的因为比较熟悉，投资起来才能做到心中有数，也比较能够跟上市场变化和节奏。特别是投资红酒，一定要认同红酒文化，最好对红酒有一定的品鉴能力。

据说，红酒投资回报率仅次于原油，那就是超过了黄金、股票等各项投资品。根据伦敦国际葡萄酒交易所发布的报告，过去5年，代表高级葡萄酒的Liv-ex100佳酿指数涨幅接近3倍，大幅超越同期股票、期货、艺术品等的市场表现。根据英国嘉士德公司对近30年6种投资品投资回报率的统计，钻石为1.49倍，黄金为1.68倍，中国瓷器为16.67倍，古典名画为16倍，而顶级名酒则高达37.69倍，不愧"液体黄金"的称号。

对于个人投资者来说，国内红酒投资主要有四种方式：酒庄、期酒、现酒和通过红酒基金或信托产品参与投资。法国的红酒庄园通常包括一座年代久远的城堡和周边的葡萄园，投资者在收购酒庄的同时也获得古堡的所有权。根据规模大小，酒庄价格从几十万欧元到几千万欧元不等。对于薇薇来说，投资酒庄就免了吧。

投资期酒，是指酒庄将还没发酵好的红酒对外预售，投资人相当于购买期货，待葡萄酒在橡木桶中完成规定的陈年过程后，从酒庄提取所购买的期酒。期酒的风险在于，红酒的味道、香气和最后成品可能大相径庭。期酒投资不适合普通投资者的原因是，只有专业的红酒机构才能拿到期酒份额，通常为与酒商有长期合作的代理商或经销商，而个人投资者无法直接购买期酒。

2012年，上海红酒交易中心首次尝试期酒投资，之前在交易中心开户且表现活跃的会员将优先获得期酒认购权，而新会员在交易中心投资期酒，可以通过购买2000元的期酒购买卡，也可以通过交付20万元的上海红酒交易中心入会费，申请获批之后获得1万元的期酒配额。会员在获得期酒认购权之后，即可委托红酒交易中心从国外酒商处进行采购。投资人最低交易单位为1箱（12瓶），价格从几千元至上万元，红酒品种涵盖各大列级名庄的不同级别品种。

如果通过上海红酒交易中心的平台投资红酒，有点类似股票交易，每天9点半开盘，15点收盘，设置10%涨跌停板。有趣的是，每一瓶出现在交易平台上的红酒，都对应着上海外高桥保税区仓库中的实物，投资者既可以随时提货，也可以在电子交易系统中买卖，最低每手一瓶。薇薇那天领到的两瓶红酒，就是她逢低买入的Vieux Chateau Certan（老塞丹）和Latour（拉图）。

不过，投资现酒是薇薇最现实的选择之一。投资现酒通常以箱为单位，一箱12瓶，投资门槛分为5万元、15万元和50万元。作为红酒投资的初学者，薇薇只打算以5万元"试水"，有理财师建议她，投资重点应该放在二级市场交投活跃的红酒品牌，因为容易变卖，风险较低，也能有不错的收益。以箱买入之后，红酒保存非常关键，需要通过专业红酒机构的窖藏，这对红酒的保值、升值至关重要。薇薇对存红酒兴趣浓厚，一想到几年后除了升值兑现，还可以考虑自己享用，实在享受。

薇薇的另一个选择是，通过葡萄酒信托介入红酒投资。2008年7月，由中国工商银行、中海信托股份有限公司、中粮集团有限公司等联合推出的君顶酒庄红酒收益权信托理财产品，是国内首款期酒概念的理财产品，其相对应的信托计划是君顶酒庄所持有的干红葡萄酒2006年份期酒的收益权，以1桶为认购单位，认购价格为10万~20万元/桶不等，投资期限18个月。以2010年华润深国投信托有限公司的葡萄酒信托计划为例，其鼎盛君顶葡萄酒信托计划，预期年收益率5%，认购起点为30万元，期限18个月。相比期酒投资，信托理财产品对于个人投资者而言，风险相对低一点。

2012年，拉菲半年暴跌超过20%，国内红极一时的红酒投资也急转直下。然而，与红酒价格走势形成鲜明反差的是，信托公司和银行对红酒理财产品的发行热情并未受此打击。仍有红酒类信托理财产品预期年化收益率达到9%，且开卖两天就被抢购一空。

左手普洱，右手红酒，品味投资，应该也不错。

○ 玩转另类投资 ○

网络开店——幸福是交易来的

慧妮没有薇薇那么"大手笔"，但她有一点和薇薇很相似，那就是在自己喜欢的事务上特别热衷，也特别肯花心力，从她炒股票就可以看出，全情投入，且永远信心满满。不过，炒股风头一过，全身而退的几个人，都没有再入市，慧妮也是。为了保护胜利果实，还可以做些什么样的买卖来增加自己的财富呢？小富婆是怎样炼成的？薇薇也是喝茶喝出来的投资，得从自己的兴趣发掘，慧妮想着，自己是恋物如恋家，怎样才能不再被说成是恋物丧志？怎样可以借助自己的直觉和天生的恋物癖，进行投资理财？

思路决定一切。

不如自己做老板。薇薇的转型路径提醒了慧妮，但她还舍不得一口气辞掉工作，毕竟刚入行没多久，各种积累还没到位，也没练就出运用各种资源协同发挥效益的能力。要做只能兼职，这样一来拥有时间优势及财务优势的网络开店，就成为了上选。慧妮有点动心，毕竟自己网购已经快10年了，也早就是皇冠买家，

198

最多的时候一个月淘宝就能花费上万。"啧啧，真是小富婆。"卡眉慨叹。网络开店并不省力，需要费时选货、费时沟通、费时售后服务、费时营销传播，卡眉并不觉得网络开店能淘金，相反，这是一项性价比不高的投资。

"与其到网上乱淘一通，不如把自己喜欢的物品纳入店中，形成自己的品牌，做精不做多。"阿杜倒是给了慧妮信心，凭着自己恋物癖的特质，一定可以经营得独特。有了话语权和定价权，还愁赚不到收益？

开店首要选址，商圈、地段、人流很重要，网络开店也一样，选择浏览人数多的网站，成交几率才大，口碑传播才快。目前提供网络开店的网站很多，早已不是曾经一度的淘宝网一家独大，三大网络购物平台——淘宝网、拍拍网、易趣网，选址哪里，看你熟悉哪个平台，平时哪里逛得最多。另外，慧妮之前积累的淘宝买家信用也很有用，如果更换平台，一分一分辛苦累积的信用可就派不上用场了。而且，在同一平台上的网购经验，用在揣摩消费者购物心理时才能贡献价值，慧妮从一个网络超级买家"转型"卖家之初，就常常以一个买家的心态"苛求"自己，熟悉消费者心理成为重要的资本。

大部分人上网购物，除了方便，价格是重要的考量因素，再有就是购物体验、店家服务。但这些都不是最重要的，要想在众多的同类网店、相似商品中脱颖而出，需要动点脑筋。慧妮是个有追求的同学，想要经营的商品不仅要叫座还要叫好，是否独特很关键，如果是定制那就更完美。天生的恋物癖，让很多商品难入她的眼帘，选择到底经营什么就成了难题。还是从自己的恋物情结入手，慧妮狂爱饰品，银饰又是她的最爱，想到经营银饰品让她很是振奋。慧妮想到了自己最爱的银饰品牌ANN.ANN，在上海已经有若干家连锁店，可不可以加盟做它的网络代理商？而且这个品牌最重要的优势在于，它的老板是薇薇的茶友，最初也是因这层关系，让慧妮认识了名不见经传的ANN.ANN，并爱上了它的质朴与优雅。

"利用自己手边现有的资源，才可以将性价比最大化。"薇薇下海开店之后，总能传达一些经商之道，送给慧妮受益。而ANN.ANN因为拥有自己的设计团队和制作工厂，不仅能保证货源稳定，还能实现定制化。"原始的质地、简约的线条，赋予每件作品不同的灵感，或粗犷，或柔美，或经典，或细腻……"卖着自己的心爱之物，慧妮的恋物情趣上升到了一个高度。

由于有实体店铺做支撑，网络品牌效应很快打响。而为了与实体店铺错位发展，慧妮的网店主打定制旗号，并且时不时就会做些主题活动。慧妮永远不缺好点子、精彩的创意，银饰不同的搭配组合归类，在主题创意的引领下，变得新鲜、有韵味，也给实体品牌带来了实实在在的传播效用，难怪后来，ANN.ANN老板给她的折扣返点越来越让她欣喜。

"银饰，带着不事张扬的美丽，走过喧嚣和繁华，铅华洗净，沉淀下来。带着古典的浪漫，怀着欲说还休的心事，不动声色，等待爱与被爱。"

"如花美眷，也敌不过似水流年，不舍凋落，就用银饰将瞬间凝聚成永恒。就让如花魅影，典藏于心。"

"每一组花纹，每一处的延展，都蕴含了银匠细腻柔软的心思。银饰散发着脱俗的气质，无论怎样看，都带着古典的奢侈。"

"一举手，一投足，不知不觉间，流露出爱的情绪。快乐掩不住，深情也掩不住。方寸大小的指尖、手腕、颈上，都铭刻着幸福。"

幸福是交易来的，慧妮让网络开店变成了既是投资，也是享受。

尝鲜的"代价"

你想在纽约买写字楼？在伦敦买洋房？在悉尼买酒店？在香港买豪宅？这些投资，距离我们似乎还有点远。那还能进行什么投资，积累自己的财富，同时又分散风险？另类投资这几年的爆炸性增长，吸引了不少像薇薇这样敢于尝鲜的新鲜人。游资轮番炒作，投资热潮更迭，手握一点现金的投资人，能不能参与到另类投资的圈子中呢？红酒、普洱茶、珠宝玉石，能不能进入你的备选池子？

薇薇的经验是，不懂的东西不碰、选准介入时机、别高位接盘。在尝试了普洱茶和红酒两大另类投资后，她发现，如果不具备充分的专业知识，且闲置资金有限，那么想要介入另类投资并且有可观收益，不是一件简单的事，稍不留神就可能会因介入品种的系统性风险或是选错了介入时间，而血本无归。

不论酒类、普洱茶，还是书画、玉石珠宝，这些另类投资产品背后所需的专业知识是普通投资者比较难掌握的。仅凭简单的产品研究，对其真实价值很难给出正确的判断。特别是在资金驱动的市场，更无法判断投资品的大致走向，在没有深入研究和了解的情况下盲目进入，将承担较大的市场风险。

比如投资普洱茶，在进入之前应该对这一投资标的、产业、盈利模式进行充分的了解，做足功课，如果还是概念模糊，可以到实地考察，获取直观感受，再结合专业判断，作出投资决定。

如果投资红酒，那就要先积累红酒知识，从Liv-ex红酒投资指数，到红酒拍卖网站，从期酒交易平台，到个人投资进入门槛及交易步骤，甚至国际葡萄酒产量、销量情况，葡萄产区气候变化等都是你要随时关注的内容。

由于普洱茶、红酒这类投资品以消费属性为基础，兼顾投资收藏属性，是基于消费而随着时间逐渐升值的投资品。特别是高档红酒属于奢侈品，流动性充裕时繁荣，紧缩时低迷，所以结合大势，选好介入时间，是必要的功课。在普洱茶、红酒已经大热十几年之后，需要警惕泡沫破灭，即便具备了扎实的专业知识，投资介入也要量力而行，千万别跟风投资，高位接货，沦为"烫手山芋"。

表9-1　另类投资"很危险"

另类投资	普洱茶、红酒、白酒、名画、手表、玉石、珠宝、古董
风险指数	很高
原因	你不了解的投资产品，透明度低，与生活相关度低

10

女人，千万别忘了投资自己

○ 男人忙身家，女人忙身价 ○

"太阳当空照，花儿对我笑，小鸟说早早早，你为什么背上小书包……"周末清晨，卡眉迎着朝阳新鲜"出炉"了——她报名参加的金融投资高阶课程班今天开学，卡眉激动地在微博上@了一圈人，报告自己重返校园。

"你疯了吧！""要不要这么上进？""念书还没念够啊？"收到一大堆不解的回复。

这个周末，卡眉和薇薇她们的下午茶就约在了校园钟楼前的大草坪上。初春，校园一片嫩绿，白玉兰肆意地绽放，与古老的钟楼相互映衬，到处都是青春的面孔，好像远离尘嚣的世外。

"要不是卡眉，我还没机会再走进校园呢。"阿杜觉得很是新鲜。

"不是没机会，是根本想不到。"薇薇每天忙着打拼，被时间追着跑，走进校园真是一种奢侈。

"要上课一年呢，每个周末两天，以后恐怕很难偷得周末假期了。"卡眉有点担心自己能不能坚持到最后。

"卡姐，你好用功哦，我觉得你已经懂很多啦，这样还不够吗？"慧妮流露出不可思议的表情。

"肯定不够，学无止境嘛，而且投资市场瞬息万变，如果不及时充电、交流，修正自己的想法，可能会闭门造车哦。"

"可是，我只想听课玩玩，学个什么花式咖啡、烤烤蛋糕之类的，好玩嘛。"慧妮"惭愧"地说。

学什么看自己选择，无论是充电知识，还是发掘兴趣，培养自己的一技之长，再或是为了结识新朋友、重新规划职业人生，进修都是对自我最好的投资，是避免折旧的好办法，且肯定不会亏本。上课不只是求知识，还有老师、同学之间的彼此学习和交流，互相汲取养分，了解最新动向，信息共享，搭建新的人脉圈子。特别是社会人士"回炉"校园的进修充电，同班同学身份各异，来自不同行业，学校针对社会人士的各种进修班，往往设计了不同的主题，也会根据学员职业身份分配不同的班级，因此，进修班的针对性较强、学习效率更高。像卡眉所上的金融投资高阶课程班，同学有的来自金融机构、大公司的投资部门，有的是个人投资者、财务管理者等，除了有着共同的目标，即交流、提高投资理财本领之外，还因职业不同有着差异化的互补性，可以取长补短、互通有无，更进一步，或许还能发掘商机、合作共赢。

薇薇也是在茶道班上结实了大批茶友，相邀品茗、互通茶艺，构建了这个小众的茶友圈子，让她在工作之外，培养了自己另外一项特长，并且发扬光大，找到了发挥特长的途径，变兴趣为职业，终于也开启了人生另一个高潮。

充电进修、投资自己，可以增强自己的工作实力，也能够让自己的兴趣得到发挥。充电，是人生另一种机会。

你可能在上学的时候曾经投入大量的心血在学习功课上，毕业时一张漂亮的成绩单，为十几年寒窗苦读画上圆满句号。但这纸成绩单恐怕只能陪你度过第一份工作的头一年而已，甚至随着踏入职场时间越久，越会变成幻影，逐渐失去证明你身价的价值。

第一天上课，卡眉收获了一大沓名片。与上学时期不同的是，一天课上下来，没有记住一个同学的名字，倒是这一沓名片上的身份还能帮她略微回忆起同学的形象。什么时候开始，人的社会属性变得比姓甚名谁更加重要，你的职位才是你在职场内外通行的名牌？而人们关注的也更多是你递上的名片上印着的那几行小字，它代表着你的"出处"——还部分代表了你的身价。

所谓身价，就是指一个人的价值，引申为一个人的身份或在社会中的地位。我们也常常听到"身家"，身家简单讲就是家财、家产。

男人忙身家，女人忙身价，千万别忙反了。

人脉投资，你该@谁

除了忙活着投资自己，还应该投资人脉。人脉这回事，薇薇比较懂，看她的朋友圈子就知道了，达官贵人也有，三教九流也有，薇薇绝对是她们几个当中人脉网络最丰富的那个，朋友数量之多、"出处"之广泛，让卡眉她们望尘莫及。但薇薇的人脉网络也利好了整个圈子，她的很多朋友最后都变成了卡眉、阿杜或者慧妮的至交，或者通过薇薇这个"中间人"，彼此又成为亲密的朋友，甚至在她的"牵线搭桥"之下，还成就了合伙、合资的商业合作。到最后，大家常常会想不清楚，这个朋友最初到底是薇薇的朋友，还是谁的朋友。他是怎么进的这个圈子。更神奇的是，偶然和一个朋友说起薇薇的时候，对方会惊讶地说："哦，你说薇薇啊，哈哈，我认识。"

薇薇的人脉网络就是这么神奇。

薇薇为什么会有这么多朋友，并且可以源源不断？她靠什么维系和笼络人脉圈子？又靠什么吸引新鲜人气？薇薇的人脉投资术，值得好好研究一番。

慧妮太年轻，可能还没有办法体验到，人脉是多么巨大的财富，人脉又是人生多么重要的一项投资，人脉资产在人生资产组合中，是不可或缺的必要配置。贵人相助，其实是一件十分宝贵难求的事，尤其是在这个有点残酷的社会。

人脉投资，与其他各项金融市场投资一样，要投入成本、看准投资标的、选择介入时机、评估成本收益比，最终获取收益，落袋为安。你可能会觉得结交比自己强的人，是一件有心机的事，处心积虑似乎不适合朋友之间交往，其实并不是这样，别被单纯的友情"绑架"了。想想看，你是不是常常和一些对自己没有帮助和提高的朋友见面，每次结束之后，连自己都感到懊悔，觉得是在浪费时间和金钱，但又不忍心拒绝这类朋友相约。下次见面，你发现，他的想法和话题还是几星期前的那些，丝毫没有更新，和他相处，好像汲取不到更多营养。他安于现状，你积极进取的话题吸引不了他的兴趣，你可以分享他简单的快乐，却没办法激起你上进的欲望。你在突然遇到什么难题的时候，是不是也全然想不到向这类朋友寻求意见和帮助。你肯定也想过，这类朋友在你的人生中是不是可有可无，如果几个星期不见，是不是也不会有什么损失。

那么，你想要自己的人脉圈子有怎样的配置？是"重仓"一些高品质的、比你强的人，还是"重仓"和你差不多、可有可无的朋友？答案当然是前者。

人脉关系想要长久，需要彼此有能够学习的地方，能够相互带动和进步。结交什么样的圈子，结交什么样的朋友，意味着你是什么样的人，只有结交不一样的人，才有改变的机会。和不如自己或者和自己差不多的圈子交往，就好像拿一件很贵的衣服出来炫耀，你应该提高自己的眼光。当然，有人喜欢结识条件不如自己的人，在别人羡慕的视线中觉得享受，从这种满足感中获得力量。但是如果你够聪明、想进步、向往更好的人生，一定不会想要在不如自己的人中间炫耀，你会努力结交比自己更聪明、更有学识、更富有、更有社会经验的人。这不仅仅是"功利地"想要日后能得贵人相助，更重要的是，这才是人际网络这项投资活动的价值所在。

人脉投资，你该@谁？当然是比自己强的人。结交比自己强的人，他们身上才有自己缺乏且应该学习和汲取的东西。卡眉，她肯心甘情愿牺牲周末假期进修学习，除了知识充电，也是她一早就懂得和什么人交往，就会变成什么样的人的道理。

这个世界上有无数的人，有和你共同创业的合作伙伴，有和你心灵相通的莫逆之交，有能帮你出谋划策的智囊友人，也有你潜在的合作伙伴、潜在的莫逆之交、潜在的智囊友人，但绝大部分是和你擦肩而过的普通朋友。他们会随着时间的流逝而被淡忘，甚至遗忘，只有很少数的人会留在你的圈子里，成为你的人脉网络的组成部分。能牢牢抓住潜在的"他们"，才是投资人脉的重点。除了主动创造机会结识他们，人脉的维系也是十分重要的课题。作为圈子里人脉最旺的薇薇，她可不是平白无故地受到贵人们的喜欢，卡眉发现，薇薇身上有着一些特殊的个性，热衷朋友往来、珍惜友情、永远准备结交新朋友，这是薇薇人脉投资的特性，这些都可以归纳为"真心"二字。如果单纯地认为交往的朋友多就是有人脉，那么不如去做公关或者销售，职业身份可以让很多人成为你"认识的人"，但不是你人生中的"贵人"。人脉结识需要真心，不要试图用什么人际交往手段来寻找真正的人脉资源，即使再迟钝的人，也有感受真心的能力，一顿饭、一个小礼物，不会有真正的朋友会因为你这些"雕虫小技"而留在你身边，更不会在关键时刻挺你一把。记住，小恩小惠而来的人脉不牢靠。

遇到可以让你的人生质量有所提升的人时，应该诚心诚意。虽然人脉也需要投资，但不要想着一定要从对方身上得到什么好处。人脉投资，投资的是未来，它的回报形式可是多种多样，不能把交朋友本身也当做一种必须看到回报的投资。因为如果你不是真心，对方完全可以看出你的心思，并回报以"虚情假意"。

真心不是刻意，但需要用心。你记得几个朋友的生日？朋友是双子座还是巨蟹座？朋友最爱喝普洱还是乌龙？朋友的忌口是什么？最爱哪个品牌的衣服？喜欢做什么运动？想要维系长远的人脉网络，小恩小惠不如对人脉进行感情投资。能够在人情世故上多一点关心，多一些真心相助，以后遇到事情，才能够相互体谅、互通有无，用感情维系人脉网络，稳固得多。

人脉投资要投入真心，还要舍得投入成本。就拿新年聚会为例，这是薇薇雷打不动的辞旧迎新晚宴，每年12月31日晚上，薇薇都会定好饭店，召集大家新年聚会，而除了卡眉她们几个固定的赴宴者，每年这一餐，前前后后过来聚餐的朋友不下二三十人。奇妙的是，虽然只开一桌，但这个新年聚餐好像流水席，从6点开席到饭店打烊，陆陆续续有不同的朋友到席、离席，交替往来，不会间断，如果从开席坐下来，你大概可以结识到二三十个新老朋友，有些人大概都是一年才见到这一次，但就像约好似的，会心照不宣地来。

召集人是薇薇，买单的人也一直是薇薇。她不准别人和她抢着买单，也不准圈子里轮流做东，这么多年，薇薇从没计较过成本投入，就好像这是她的新年品牌。卡眉感慨于薇薇的感召力，买单爽快仅仅是表象，人脉的感召才值得佩服，才能有这么多朋友过来。有人可能只坐一小会儿就赶去下一场，有人会抢着安排跨年倒数的节目，你也可以带朋友来，带朋友的朋友来。薇薇永远不怕结识新朋友，更乐于将自己的、朋友的人脉随时拿出来分享，给朋友"牵线搭桥"，这恐怕就是薇薇人脉投资成功的秘籍吧。

如果不舍得投入，为了省钱而离群索居，人脉圈子会变得越来越小。想要成为有人脉的女人，除了"苦心经营"，不同的场合把握机会，平时就要懂得积累人脉，社交聚会不要推三阻四，同学会要积极参加，因为同学之间关系熟悉，彼此脾性相知，储备资源相对容易。同学会绝不只是吃吃喝喝，可以交流商机、启发思想，甚至成为筹募资本的来源，会有意想不到的收获。

别怕结识新朋友，你都是社交老手了，认识新人才可以更新人气。要趁热打铁，多加交流，给对方尽量深刻的印象，过后，要保持联络，主动再约机会聚会，别等人家忘了你，再从"我是……上次在……你记得吗"这样的电话问候开始。也不要忌讳将朋友圈子共享，因为共享的效益一定是最大的，在力所能及的情况下，多给朋友捧人场，一边捧场，一边结识新面孔。

别透支朋友银行

如果你了解薇薇对朋友圈的"用心良苦"，就不会对她人脉网络之丰富感到奇怪了。那一年，卡眉和薇薇刚刚认识，俩人关系还没有很熟悉，卡眉生日那天心情有点低落，碰巧被薇薇看到。第二天一早，一份快递来的生日礼物就摆在了卡眉的工作台上，信封上写着"Mail to the future"（致未来的信）。卡眉打开信封，里面是一只闪闪发光的施华洛世奇水晶签字笔，一张小小的卡片掉了出来："亲爱的，虽然生日已过，但你还是可爱的卡眉，生活不开心？那肯定是我们的活法有问题。So，不抱怨，让我们丢弃那些坏的，用闪闪的心态去书写自己的美梦。Anyway，happy birthday！你的出生是特别的，下次不许这么悄悄。"卡眉感动得眼泪都掉出来了。直到现在，这么多年过去了，她还会时不时用这张小卡片温暖自己，并记起薇薇在自己低落时的鼓励。

友情是一项长期投资，和投资自己一样长，收获期同样漫长，可以长至一生。

二十几岁是结交新朋友的绝佳时期，应该去结识那些人人都想认识的人，再确定哪些人是你三十岁以后仍然值得深交的朋友，在他们身上投入更多的时间和感情。大浪淘沙，一些朋友只会阶段性伴随你，客观条件改变，朋友可能自然流失；生活没有交集，疏于联络消失；志趣改变，朋友可能离你而去；一些朋友却会相伴终身，志趣相投、相互欣赏、彼此鼓励。职业有互通，生活有交集，这些都是友情投资的前提，我们不能期望人到中年还能够一呼百应，或者老年孤独时，也能随意邀上几个好友外出旅行。友情是一生的投资，年轻时没有真心投入、用心经营，中年时就不能享受友情的呵护，老年时就更体会不到友情的相依相伴。

他心情沮丧，你肯不肯空出时间开导他？他被工作困扰，你会不会力所能及帮忙推进？他生活遇到难题，你会不会全力帮忙联络各方朋友？他信息不畅，你会不会"奔走相告"四处打探？他感情受挫，你愿不愿意随叫随到、听他倾诉心事？举手之劳的事一定要做，需要花费心力的事，也要努力去做——如果你觉得朋友需要你。别等需要了再去找朋友，朋友也不是用到了才想起，更多的是日积月累的感情投入。选择长期储蓄或定投友情，别一直透支你的朋友银行，早晚一天会变成"坏账"。

爱情不一定长久，家人不一定能吐露心声，只有贴心的朋友，会在你真的需要的时候，给你温暖和力量。没有谁天生有义务对你好，友情是最需要长期投资的，朋友在关键时刻可以"透支"，但是，只进不出的经营，到最后很可能账户归零。而不能同甘共苦的朋友，关键时刻不能"提取"的友情，就要看清楚适时"止损"。

人以类聚，哪些朋友值得你长期投资？那些见面就感叹人生凄凉的人，应该减少见面机会，那些以进步为人生态度的人，才是要存入友情银行的固定资产。"为什么我每次看到你的时候都觉得你很阳光？"卡眉一个朋友有一次这样评价她。积极的人生态度，给自己和朋友的正面力量是不可估量的，我们都应该喜欢并结识这样的人，选择他们作长期投资。

"我是一颗向日葵，浑身充满了阳光的味道。"

早点投资你的健康

当你积极地累积着存款账户上的数字时，你是否注意到自己的"健康存折"上，是正数还是负数？

"忘记的事情变多，想不起来就是想不起来。"

"晚饭后必须趴在桌上睡会儿，去年还不是这个样子的。"

"出门怕晒，空调房怕冷，只好热衷长裙、开衫。"

"开始信仰一大堆营养品。"

"穿高跟鞋不能超过8小时，喜欢光脚踩在地板上的'脚踏实地'感。"

"关注电视台养生节目，还会拿个小本本记下来。"

"东西很容易找不到，恨不得给每件东西装上GPS，而且一旦找不到，就没有信心再找到，因为完全没有印象它上一次出现的地点和时间。"

——这是卡眉对自己"初老"症状的总结。

其实，这是亚健康正威胁着她"初老"的身体。

每年一次的身体检查卡眉从没间断过，而体检报告上也无一例外地印着"亚健康"的体检结果。越忙越盲的职场白领，从家里"宅"到了办公室，在四季恒温、一个显示器、一部电话、一大堆文件的格子间，正逐渐失去身体平衡。视频会议、电话沟通、邮件反馈、MSN 交流，电子化、程序化、标准化的工作方式，让人与人的交流沟通变得冷冰冰，工作重压、人际淡漠，加上饮食习惯不健康、空气噪音污染、生活作息不规律，朝九晚五的工作也能搞到自己身心透支，亚健康给身体敲响警钟——你该休息了。

都说休息是为了更好地走路，外出旅游休假，是一种改变环境式的休息，从这里消失，到一个陌生的地方彻底放松身心，得到喘息与解脱的机会。别找借口说工作走不开，明年再休假；不要拖拖拉拉，错过了出游的好季节。地球离开谁都会照转，工作走不走得开，虽然领导说了算，但你有权利暂时走开。那我的工作拜托给谁，那是领导考虑的事，你想那么多干吗？休假是你的福利，也是权利。别把各种压力都扛上身，你是女人，最多是女强人，但不是女超人，更不是女超人的鼻祖。

工作是做不完的，如影随形的压力令人头痛，除了影响身体健康、降低身体免疫力，还会让判断力变得迟钝，积累身体"抑郁"的能量。适当的时候要学着偷会儿懒，身体犹如弹簧，一旦超过负荷，绷断了可就没机会了。休假，就是暂时搁下问题、放下压力，外出休假，陌生的人、陌生的环境、陌生的事会帮你解放自己。

休假归来，浑身清爽，要保持良好的状态，就要随时释放压力，不得积压。压力如同贷款，必须实时还清，逾期不还就会越积越多。及时减压，也不是很困难的事。坚持一项自己喜欢的运动，就可以定时将自己从工作和生活中解脱出来，恢复战斗力。如果你喜欢安静，不爱剧烈运动，瑜伽可以舒展身体、舒养身心；游泳可以协调身体运动、与水亲密接触；定期按摩也是不错的选择，对缓解肌肉压力、治疗肩颈疼痛等慢性职业病效果很好，还有按摩师不时提醒你："你的肩很糟糕哦。""哦，你的颈椎更糟糕。""哎，你的腰，这还是你的腰吗？"

亚健康，也有很多是情绪惹的祸。据说，21世纪的绝症是"抑郁症"，微博上每天都有"今天，你抑郁了吗？"的话题征集。投资健康当然不可以忘了投资快乐的情绪。爱、信心、平静、勇敢，都是正能量的力量。积极的想法可以撬动地球，最重要的是可以拯救可能抑郁的你。

减压的方法不胜枚举，关键看你想不想投资，对身体的投资绝不会亏本。年轻是本钱，不，健康才是本钱，投资健康才能获利升值，早点投资才会占尽先机。没有了健康，即使拥有满满的金钱存折，也没有办法享用它。

"终于学会了给生活做减法。"

"明白了借酒浇愁不能解决问题，那是放大了自己的悲伤，只会让自己更加疲惫，还不如痛哭一场，好好睡一觉来得健康有效。"

"美丽是睡出来的，抓紧一切空隙，打个盹。"

"就算全世界都让我失望，我也不会让自己失望。"

——卡眉正在努力为健康存折增添储蓄。

○ 收获爱情，成就一生最重要的投资 ○

我可能不会爱你

卡眉她们可能很难想象，今天的女强人薇薇曾经也是一个结婚狂。就像她所做的各项投资举动一样，薇薇在爱情投资上也投入不菲，在少女情怀泛滥的大学时期，大家都还对爱情盲目崇拜，被各种爱慕的眼光搞得神魂颠倒的时候，薇薇就立志要找个好男人嫁了。去澳大利亚留学出发前，她还声明说，要拐带一个"瘦高白男"回来，一定不"虚度"留学时光。在澳大利亚期间，薇薇对自己碰到的每一个心仪的男生，都会仔细考察，用她自己的话说，从她觉得"他可以"开始，她就一直在衡量对方是不是一个可以嫁的男人，他的家庭、学历、工作、性格，他的朋友、兴趣、业余生活，夸张的是，她还会了解对方的职业规划、未来打算。果不其然，薇薇觉得自己好像爱上了瑞典男生Stephen（斯蒂芬），但听到他说打算毕业后，靠领失业救济金维持自己周游世界的旅行计划时，薇薇"崩溃"了。成长环境的不同，造就了人生追求的巨大差异，薇薇没有办法认同对方的人生目标，没有安全感就没有办法让爱情生根，早点清仓出局是明智的选择。尽管他有着瘦高的身材、深邃的眼神、迷人的微笑。

不过，薇薇后来总结说，现在想想，她当时的权衡，有点冷静得可怕。那几年，她其实忽略了两个人之间最重要的东西——爱情。明确的目标、清晰的指标，让她把选择男人变成了标准程式，竟然忘记了爱情这回事的存在。她如此潜心的衡量，给自己也给对方带来压力，爱情最初的美好和原始的冲动，在她理性的分析和观察下，变得没那么可爱了。

爱情到底需不需要衡量？爱情没来的时候，走在将爱的日子里，我们可能会有很多的想象，也设定了若干指标。"相遇是一面镜子，把我心中一直在的那个人映出来，然后变成了你。"遇到爱情，再来衡量，是不是介入？要不要投资？如果可以，不要怕长线投资。

爱情需要衡量，但出发点是，你们得有爱。

台湾小清新电视剧《我可能不会爱你》2012年风靡，很多女生感动到把自己看哭——每个女生心中都有一个李大仁，每个女生骨子里又都有点程又青。然而，理智的女生们，只是因为"这样的男人根本不存在"，便又自顾自忙着衡量自己身边的男人、别人身边的男人，或者是还未出现的男人。"长相不错、身材不错、性格不错，因为还不错，就试试看，可不可以在一起。"适婚年龄的男女，"还不错"是最合适的理由，"试试看"更多的是一次风险投资。爱情是自发萌生，却是相处的前提，李大仁与Maggie（玛吉）最终还是没有办法在一起，爱情终会战胜任何"还不错"。

大概从2000年开始，新锐杂志《新周刊》每年情人节都会推出情人节特辑——《中国情爱报告》，已经塑成了《新周刊》的情人节品牌。十几年来，从中国人的爱情轨迹、情爱演变中，清晰可见爱情的十年变迁。

1998年：我爱你。1999年：男女关系100年。2000年：爱情之死。2002年：亲爱的，让我们按程序接吻吧。2003年：摘下面具立即爱。2004年：中国情爱报告。2005年：亲爱的谁。2006年：保卫爱情。2007年：爱情3.0。2008年：听说爱情还会回来。2009年：爱是生产力。2010年：爱谁谁。2011年：学会爱。2012年：将爱。

2011年，如果不会爱，我们从头学；2012年，爱情，依然迷人，依然坎坷。单身者做着选择题，已婚者做着判断题。

"什么男人不能嫁？"这样的问题，100个女人会有100种答案，但最后到头来，又有多少女人嫁给了自己口中所谓"不能嫁"的男人？

不是嫁不嫁，而是嫁给谁，不是没有爱，而是爱什么。将爱的路上，你有很多选择的权力。

你要努力遇到可以为你的生命带来加分效果的男人，并对他"重金"投入。有能力的男人、有钱的男人、有野心的男人、长得帅的男人、有"增长"潜力的男人，你都要试着努力去结识。和积累人脉一样，不要认识比自己差的男人，不要在条件不如你的男人身上花费时间，不要怕和条件好的男人见面，不要觉得相处有压力，要克服这一点。如果你在一个好的环境里遇到了白马王子，当他向你伸出手的时候，你应该毫不犹豫地抓住他的手。

还信奉"男人不坏，女人不爱"？劝你，如果遇到会让你的生命减分的男人，感情上无止境投入，财务金钱上也是个"无底洞"，这样的男人何止是减分，是会对你造成伤害的鸦片。如果"不幸"沉沦爱情，那么，还是努力戒掉。因为，每个女生都得拥有更好的人生。你必须培养自己高贵的心理需求，让自己成为只能喜欢好男人的女人。而为了有更多机会遇到好男人，你需要对自己不断投资和充实，将爱的日子里，让自己先成为无价之宝。

你只能帮我减分？或者"帮"我一起分享？

对不起，我可能不会爱你。

谁是你值得投资的Mr.Right

爱情、男人、婚姻，永远是女人人生投资组合中最重要的资产，恐怕也是女人毕生期待获益最大的投资。它一定是人生最长期的投资，收获期也将长达一生。不过获益却是阶段性的，阶段性实现收益，落袋为安，在你人生的不同时期，收获爱情，收获婚姻。在投资市场，没有一条金科玉律可以适合所有投资，"放之四海而皆准"的投资方法不存在，爱情同样如此，可能需要花费一生摸索。

选择投资标的的过程中，要具备金融知识，练习投资才能，才能辨别真正优质的男人，或是有潜力的男人。如果你不是天生具备这种才能，就应该努力学习金融知识，锻炼自己的眼光，直到选到让你一生都获益的投资标的。

世间人海茫茫，世界瞬息万变，谁是你的Mr. Right？

绩优股谁不喜欢？业绩节节高升、股价一路上扬，集万千股民宠爱于一身。不过，再绩优的股票股价回归均值也是必然的，市场规律使然，没有只涨不跌的股票，就像没有人会一直待在聚光灯的焦点上。投资绩优股，需要冷静观察，清醒认识，不能期望过高，还要时刻准备，收拾股价走低后的"残局"。

相比绩优股，价值股其貌不扬，乍一看没什么吸引人的地方，可能还有点瑕疵，但是慧眼投资者透过表面可以看到它的价值所在，以低廉的价格进场，等到风水轮转，价值股成长为金凤凰，就可以获得惊人的回报。价值股投资期长，可能很长的时间都没有什么起色，你有没有足够的耐心和神经强度，能否甘于寂寞？而芸芸众生中，疑似价值股又太多。不是每个女人都有那么一双慧眼，能够不被"价值陷阱"套牢。判断男人的价值靠什么？自然没有财务报表数据，也没有复杂的财务模型，无法预测出未来的"目标股价"。"价值男人"的判断标准，是需要他有一些特别的价值和潜力。而且，"价值男人"自己能否耐得住寂寞，等待价值轮回？柳暗花明之时，能否坚定不动摇？价值显露之时，曾经共患难的你们能经受住生活的各种考验吗？

风险与收益并存的道理，要懂，还要仔细拿捏。

别迷恋现货

都说找男人要找潜力股，有爆发力，会成大气候，其实这不是一件容易的事。潜力股男人抢手，但需要有超前的眼光发掘，风险投资干的就是这事，十几倍、几十倍的回报不在话下。但选男人与风险投资还不同，风险投资做的都是广播种，指望有一两个惊天动地的成功案子以弥补大部分投资的收获平平，甚至颗粒无收，而选男人，则不能容忍广播种、高失败率，而且也不能将鸡蛋分散在不同的篮子里，成功概率再打折扣。寻找潜力股的过程，和培养自己超前眼光的过程，同样艰难。

至于蓝筹股，有历史、底子厚、业绩佳，在行业里是龙头老大，股价稳定，红利细水长流，作为男人简直无可挑剔。蓝筹般男人，可靠稳重、经过岁月洗礼、精通生活考验、物质根基牢靠，谁不喜欢，可他们通常已经成为别的女人投资组合里的长期配置了。你需要换个角度，蓝筹男人通常是从潜力股、价值股成长起来的，这就需要你再回到潜力股、价值股的发掘起点，"从头"开始投资。典型的雏形版蓝筹股——富二代，年轻、不需要经历社会磨砺、等着接掌蓝筹家业，问题也有，如果没有父辈的奋斗精神，没有足够的责任感，没有基本能力储备，庞大的物质财富反而会成为他们的负担，放大他们的缺陷。其实，富二代笼罩在蓝筹父辈的光环下，风险却和中小盘股一样高，因为成长过程中的不确定性因素很多。

还是别选现货了吧。

见证一个男人的成长，才能嵌入他的生命。

一段爱情两个人成长

不要以为一个人就可以成功。

爱情和婚姻可能会约束女人，改变女人的生活轨迹，但是，如果你能够遇到好的男人，加上自己投资有道，爱情也好、婚姻也好，都可能获益匪浅。因为，有经济实力又体谅理解的男人，是女人最强大的靠山。

卡眉在和她老公认识的时候，她资历渐高，职场步入上升期；他职场失意，职业生涯"停滞"，递交辞职信的理由是没有拓展空间、人才压抑。卡眉老公毕业于英国剑桥大学，毕业后毅然回国，决心脚踏实地从基层做起，积累经验，然而，职场的复杂人际让他不堪重负，终于选择"清仓离场"，并开始筹划自己的公司，组建独立团队。男人对事业的追求远远超过了女人的想象。卡眉在这时出现，除了情感上的无微不至，她还利用自己对行业的了解，动用各种人脉网络，参与到启动新公司的细枝末节，从公司选址、注册、招聘、培训，到项目洽谈、跟进运营，等新公司一切都上了正轨，卡眉也收获了她幸福的爱情果实。而在此之后，为了帮老公分担，有点分身乏术的卡眉毫不犹豫地辞去了自己的工作，做起了老公的全职特助。

在新公司的筹措、运行中，卡眉积累了丰富的统筹运作能力，也新增了对人员管理的大把经验。等到公司完全运转顺利了，卡眉觉得是时候重出江湖、再次布局自己的职业生涯。没想到具有统筹和管理能力这一点，竟然被不少创业公司看中。卡眉权衡过后，选择了一家颇具实力的创投公司，做起了项目经理，重出江湖又换跑道并没有让她经验归零，几年的职场磨砺奠定了基础，新增对管理运作的"运筹帷幄"，让卡眉在30岁之后成功转型。当初，看似为爱情、男人、家庭作出了牺牲，如今，那时的付出正源源不断地回馈给她丰厚的收益。老公更是在两人白手起家打造的天地里，厚积薄发，一路走高。

有的时候，男人没有你想象中那么强大，女人也可以是男人的避风港，成为男人背后的执行长，成为他低潮期的"救生圈"，及时补充他的正面能量。优质的男人是女人一生最好的投资，而聪明的女人也是成功男人的最大资产，给彼此一片空间，与他一起成长。

○ 你值更好的人生 ○

跋

　　终于到了收笔的时候，从踏出创作的第一步，到爬上一座称不上巅峰的山头，走过了一段奇妙的旅程。

　　在完成这本书的过程中，我总能感觉到压力，但却是愉悦的压力，它像是对我若干年职场和理财生涯的记录，又像是我和我的那些花儿的青春笔记。懵懵懂懂时是快乐的，各种记录都充满了阳光，我知道，即便是亏了股票、赔了基金、跌了房子，但也一定不能输掉健康、透支朋友、荒废人脉、浪掷感情。

　　收获感情，才能成就一生最重要的投资。

　　从小到大，爸妈在我们身上"重金"投资，但物质上的"资本投入"远远不及他们的时间、心血和感情投入。成人之前，我们只负责学习知识，提高自身修养；长大之后，我们在人生的路线中摸索道路、调整方向、寻找人生目标；踏入职场，我们努力站稳脚跟，打拼自己的事业天地。作为现代职场女性，我们保持美貌与活力，享受生活，保持高水准的消费力，提升品位，还保持着新鲜的恋情，这样算不算是精彩的人生？

女人，你值得拥有更好的人生。

而且，这一切，一定要可持续。

看来，理财是一件必须要做的事。虽然"不理不行"，但它绝不应成为你的负担，如果你感觉到压力，那一定是方法不对。有没有人和你说过，越简单的理财方法越有效？三脚猫的技术分析靠不住，可能K线也会害人，太复杂的投资逻辑和理财方法并不适合普通人，太多的投资指导和建议，不仅无益甚至可能有害。其实，一个正确的理财观念，一个简单的投资法则，就可以让你轻松地出发了。

理财是一件奇妙的事，你会爱上它，它不仅仅会给你带来一定的收益，它还代表着一种生活态度，一种人生的积极选择。理财也会变成一种生活习惯。因为理财，你就不得不保持开放、上进的人生态度，平日里就要尽可能多地涉猎知识、搜集资料、获取信息，拓宽视野，时刻关注与投资理财相关的各种资讯，并学会去芜存菁。

理财可以成为人生另一种磨砺。要知道，投资有赚有赔。虽然一开始就设定了自己的止损线，但能不能乐观地接受可能出现的损失，又是另一回事。投资理财的波动性，需要你练就强大的内心和敢于接受失败的勇气。以平常心看待市场起伏，不要因为担心赔钱而总是改变投资策略，不要因为投资领域动荡而让正常生活、工作表现、人际交往起伏动荡。涨跌都应以平常心看待，要有勇气接受投资失败，也必须准备好从失败中学习、累积经验。

只恨时间太少。这绝对不是借口，我的时间真的不够用，曾经幻想，如果一天有72个小时，那样我会过得比较悠然。事实是，事情永远做不完，欲望一直在生长，在繁忙的都市里，我们每一个个体都像是被架在一架高速运转的庞大机器上，停不下来。而我们在成长的过程中，除了要学会上进、学着成熟、教会自己出色地完成工作，还要让自己学着给生活做减法。

享受简单的快乐，就需要整理你的欲望，做好人生的投资组合。很多时候，我们焦虑，是因为自己对身边的事物缺乏控制权。当你把决策权交到了别人手里，希望别人能为你塑造适合你的人生，更多时候感到的只会是无助。想要更主动地生活，就要选择积极灵活地管理自己的人生。

"不要把所有的鸡蛋放在同一个篮子里"，投资界的金科玉律，同样也适用于人生的投资组合。工作干得再好，也是一项集中投资，风险不够分散，主动性有余，效益却打了折扣，人生的资产负债表虽然可能漂亮，但单一总是伴随着风险。人生的投资组合，不能只重仓一只股票，及时调仓，才能在动荡的人生股市中获取正收益。

感谢机遇，让我能将工作和兴趣配置在一起，财经新闻与个人理财，理财与写作，人生的投资组合中，最初的意外可能成就一路走来的资产积累，数字白痴也可能峰回路转。我真的懂吗？我只是想要弄懂，所以我努力弄懂，只要你发现了理财的妙不可言，你就可能是个理财天才——菜鸟股神也是股神！

有一段时间，我闭关写作。"你会出人意料的，突然有一天，就把书给完成了。"感谢这期间很多人的关心、鼓励，并陪我一起承受这压力。

压力虽然时刻存在，但相伴的愉悦也是我在没有写作和理财时，所不可能体会的。甚至在我寄出最后一部分文字之后的几天，还很恋恋不舍，还想一头再扎回去。

理财是一个神奇的过程，它让你经历紧张却又简单快乐的享受。

而令我惊讶的是，写书的过程竟然也充满了这样的感受。在蓝狮子财经出版中心的团队中，前前后后有三位编辑对接过这本"巨著"，感谢他们在此期间对这本书的全程照料，自始至终对这本书的不离不弃，让我感动。更要感谢《第一财经日报》总编辑秦朔先生、知名财经评论家叶檀女士。感谢他们在百忙之中抽出时间阅读书稿，给了我极大的鼓励与支持、珍贵的指导和建议，让我受益匪浅。虽然，由于工作繁忙，我拖延了时间，但最终顺利并且愉快地完成了这本书的写作。各种压力之下能够产生的愉悦是有分量的愉悦，我很珍惜，也很感激这段经历。

收工了，我还很怀念写作的日子。其实，只要理财不停，我还可以继续整理，继续写作，继续更好的人生。

也希望看到这本书的职场小女子，能够尽早踏出第一步，和我一样享受理财简单的快乐和满足。

图书在版编目（CIP）数据

职场忙身家，理财飙身价：职场财女进化论 / 林洁
琛著. — 杭州：浙江大学出版社，2013.2
ISBN 978-7-308-10943-7

Ⅰ. ①职… Ⅱ. ①林… Ⅲ. ①私人投资－女性读物
Ⅳ. ①F830.59-49

中国版本图书馆CIP数据核字(2013)第000597号

职场忙身家，理财飙身价

林洁琛　著

———————————————————————————

策　　划	蓝狮子财经出版中心	
责任编辑	何　瑜	
出版发行	浙江大学出版社	
	（杭州市天目山路148号　　邮政编码　310007）	
	（网址：http://www.zjupress.com）	
排　　版	杭州林智广告有限公司	
印　　刷	浙江印刷集团有限公司	
开　　本	880mm×1230mm　1/32	
印　　张	7.5	
字　　数	181千	
版 印 次	2013年2月第1版　2013年2月第1次印刷	
书　　号	ISBN 978-7-308-10943-7	
定　　价	29.00 元	

———————————————————————————